清华大学优秀博士学位论文丛书

风险感知、制度压力与基层干部社会稳定风险应对行为

程佳旭（Cheng Jiaxu）著

Risk Perception, Institutional Pressure
and Social Stability Risk Coping Behaviors
of Grass-roots Officials

清华大学出版社
北京

内 容 简 介

在维护社会稳定"一票否决"的刚性压力下,对于发生概率大且影响巨大的"灰犀牛"式社会稳定风险,一些基层干部为何会采取视而不见或见而不为的消极应对策略?针对这一现实悖论,本书着眼于回答"风险感知与制度压力是否以及如何影响基层干部应对社会稳定风险的行为策略"这一核心研究问题,采用混合式研究策略,通过探索性案例研究与心理测量问卷调查构建并验证了基层干部社会稳定风险应对行为的认知—制度分析框架,探讨了"灰犀牛"式社会风险被忽视的认知和制度根源。

版权所有,侵权必究。举报: 010-62782989, beiqinquan@tup.tsinghua.edu.cn。

图书在版编目(CIP)数据

风险感知、制度压力与基层干部社会稳定风险应对行为/程佳旭著.—北京:清华大学出版社,2023.12
(清华大学优秀博士学位论文丛书)
ISBN 978-7-302-65000-3

Ⅰ.①风… Ⅱ.①程… Ⅲ.①社会稳定-风险评价-研究-中国 Ⅳ.①D63

中国国家版本馆 CIP 数据核字(2023)第 244775 号

责任编辑:商成果
封面设计:傅瑞学
责任校对:欧 洋
责任印制:宋 林

出版发行:清华大学出版社
  网 址: https://www.tup.com.cn, https://www.wqxuetang.com
  地 址: 北京清华大学学研大厦 A 座 邮 编: 100084
  社 总 机: 010-83470000 邮 购: 010-62786544
  投稿与读者服务: 010-62776969, c-service@tup.tsinghua.edu.cn
  质量反馈: 010-62772015, zhiliang@tup.tsinghua.edu.cn
印 装 者:三河市东方印刷有限公司
经 销:全国新华书店
开 本: 155mm×235mm 印 张: 13.25 字 数: 222 千字
版 次: 2023 年 12 月第 1 版 印 次: 2023 年 12 月第 1 次印刷
定 价: 79.00 元

产品编号: 096586-01

作者简介

程佳旭 毕业于清华大学公共管理学院,管理学博士,现任国网能源研究院中级研究员,研究方向为国企改革、合规管理、风险治理。曾获第三届"费孝通勤学奖"优秀博士学位论文奖、清华大学优秀博士学位论文、北京市优秀毕业生、中国企业改革发展优秀成果奖、中央企业智库联盟优秀课题成果奖、国家电网有限公司软科学成果奖等。代表论文发表于《公共行政评论》《经济社会体制比较》等。

本书由国家社会科学基金特别委托项目"京津冀协同发展过程中重大决策社会稳定风险评估的研究"(项目编号：16@ZH003)和国家自然科学基金重大项目"重大国家安全事件管理机制"(项目编号：71790611)支持完成研究，由清华大学研究生院和清华大学出版社联合组织的"清华大学优秀博士学位论文丛书"项目资助出版。

一流博士生教育
体现一流大学人才培养的高度（代丛书序）[①]

人才培养是大学的根本任务。只有培养出一流人才的高校，才能够成为世界一流大学。本科教育是培养一流人才最重要的基础，是一流大学的底色，体现了学校的传统和特色。博士生教育是学历教育的最高层次，体现出一所大学人才培养的高度，代表着一个国家的人才培养水平。清华大学正在全面推进综合改革，深化教育教学改革，探索建立完善的博士生选拔培养机制，不断提升博士生培养质量。

学术精神的培养是博士生教育的根本

学术精神是大学精神的重要组成部分，是学者与学术群体在学术活动中坚守的价值准则。大学对学术精神的追求，反映了一所大学对学术的重视、对真理的热爱和对功利性目标的摒弃。博士生教育要培养有志于追求学术的人，其根本在于学术精神的培养。

无论古今中外，博士这一称号都和学问、学术紧密联系在一起，和知识探索密切相关。我国的博士一词起源于2000多年前的战国时期，是一种学官名。博士任职者负责保管文献档案、编撰著述，须知识渊博并负有传授学问的职责。东汉学者应劭在《汉官仪》中写道："博者，通博古今；士者，辩于然否。"后来，人们逐渐把精通某种职业的专门人才称为博士。博士作为一种学位，最早产生于12世纪，最初它是加入教师行会的一种资格证书。19世纪初，德国柏林大学成立，其哲学院取代了以往神学院在大学中的地位，在大学发展的历史上首次产生了由哲学院授予的哲学博士学位，并赋予了哲学博士深层次的教育内涵，即推崇学术自由、创造新知识。哲学博士的设立标志着现代博士生教育的开端，博士则被定义为独立从事学术研究、具备创造新知识能力的人，是学术精神的传承者和光大者。

[①] 本文首发于《光明日报》，2017年12月5日。

博士生学习期间是培养学术精神最重要的阶段。博士生需要接受严谨的学术训练,开展深入的学术研究,并通过发表学术论文、参与学术活动及博士论文答辩等环节,证明自身的学术能力。更重要的是,博士生要培养学术志趣,把对学术的热爱融入生命之中,把捍卫真理作为毕生的追求。博士生更要学会如何面对干扰和诱惑,远离功利,保持安静、从容的心态。学术精神,特别是其中所蕴含的科学理性精神、学术奉献精神,不仅对博士生未来的学术事业至关重要,对博士生一生的发展都大有裨益。

独创性和批判性思维是博士生最重要的素质

博士生需要具备很多素质,包括逻辑推理、言语表达、沟通协作等,但是最重要的素质是独创性和批判性思维。

学术重视传承,但更看重突破和创新。博士生作为学术事业的后备力量,要立志于追求独创性。独创意味着独立和创造,没有独立精神,往往很难产生创造性的成果。1929年6月3日,在清华大学国学院导师王国维逝世二周年之际,国学院师生为纪念这位杰出的学者,募款修造"海宁王静安先生纪念碑",同为国学院导师的陈寅恪先生撰写了碑铭,其中写道:"先生之著述,或有时而不章;先生之学说,或有时而可商;惟此独立之精神,自由之思想,历千万祀,与天壤而同久,共三光而永光。"这是对于一位学者的极高评价。中国著名的史学家、文学家司马迁所讲的"究天人之际,通古今之变,成一家之言"也是强调要在古今贯通中形成自己独立的见解,并努力达到新的高度。博士生应该以"独立之精神、自由之思想"来要求自己,不断创造新的学术成果。

诺贝尔物理学奖获得者杨振宁先生曾在20世纪80年代初对到访纽约州立大学石溪分校的90多名中国学生、学者提出:"独创性是科学工作者最重要的素质。"杨先生主张做研究的人一定要有独创的精神、独到的见解和独立研究的能力。在科技如此发达的今天,学术上的独创性变得越来越难,也愈加珍贵和重要。博士生要树立敢为天下先的志向,在独创性上下功夫,勇于挑战最前沿的科学问题。

批判性思维是一种遵循逻辑规则、不断质疑和反省的思维方式,具有批判性思维的人勇于挑战自己,敢于挑战权威。批判性思维的缺乏往往被认为是中国学生特有的弱项,也是我们在博士生培养方面存在的一个普遍问题。2001年,美国卡内基基金会开展了一项"卡内基博士生教育创新计划",针对博士生教育进行调研,并发布了研究报告。该报告指出:在美国和欧洲,培养学生保持批判而质疑的眼光看待自己、同行和导师的观点同样非常不容易,批判性思维的培养必须成为博士生培养项目的组成部分。

对于博士生而言,批判性思维的养成要从如何面对权威开始。为了鼓励学生质疑学术权威、挑战现有学术范式,培养学生的挑战精神和创新能力,清华大学在2013年发起"巅峰对话",由学生自主邀请各学科领域具有国际影响力的学术大师与清华学生同台对话。该活动迄今已经举办了21期,先后邀请17位诺贝尔奖、3位图灵奖、1位菲尔兹奖获得者参与对话。诺贝尔化学奖得主巴里·夏普莱斯(Barry Sharpless)在2013年11月来清华参加"巅峰对话"时,对于清华学生的质疑精神印象深刻。他在接受媒体采访时谈道:"清华的学生无所畏惧,请原谅我的措辞,但他们真的很有胆量。"这是我听到的对清华学生的最高评价,博士生就应该具备这样的勇气和能力。培养批判性思维更难的一层是要有勇气不断否定自己,有一种不断超越自己的精神。爱因斯坦说:"在真理的认识方面,任何以权威自居的人,必将在上帝的嬉笑中垮台。"这句名言应该成为每一位从事学术研究的博士生的箴言。

提高博士生培养质量有赖于构建全方位的博士生教育体系

一流的博士生教育要有一流的教育理念,需要构建全方位的教育体系,把教育理念落实到博士生培养的各个环节中。

在博士生选拔方面,不能简单按考分录取,而是要侧重评价学术志趣和创新潜力。知识结构固然重要,但学术志趣和创新潜力更关键,考分不能完全反映学生的学术潜质。清华大学在经过多年试点探索的基础上,于2016年开始全面实行博士生招生"申请-审核"制,从原来的按照考试分数招收博士生,转变为按科研创新能力、专业学术潜质招收,并给予院系、学科、导师更大的自主权。《清华大学"申请-审核"制实施办法》明晰了导师和院系在考核、遴选和推荐上的权力和职责,同时确定了规范的流程及监管要求。

在博士生指导教师资格确认方面,不能论资排辈,要更看重教师的学术活力及研究工作的前沿性。博士生教育质量的提升关键在于教师,要让更多、更优秀的教师参与到博士生教育中来。清华大学从2009年开始探索将博士生导师评定权下放到各学位评定分委员会,允许评聘一部分优秀副教授担任博士生导师。近年来,学校在推进教师人事制度改革过程中,明确教研系列助理教授可以独立指导博士生,让富有创造活力的青年教师指导优秀的青年学生,师生相互促进、共同成长。

在促进博士生交流方面,要努力突破学科领域的界限,注重搭建跨学科的平台。跨学科交流是激发博士生学术创造力的重要途径,博士生要努力提升在交叉学科领域开展科研工作的能力。清华大学于 2014 年创办了"微沙龙"平台,同学们可以通过微信平台随时发布学术话题,寻觅学术伙伴。3 年来,博士生参与和发起"微沙龙"12000 多场,参与博士生达 38000 多人次。"微沙龙"促进了不同学科学生之间的思想碰撞,激发了同学们的学术志趣。清华于 2002 年创办了博士生论坛,论坛由同学自己组织,师生共同参与。博士生论坛持续举办了 500 期,开展了 18000 多场学术报告,切实起到了师生互动、教学相长、学科交融、促进交流的作用。学校积极资助博士生到世界一流大学开展交流与合作研究,超过 60% 的博士生有海外访学经历。清华于 2011 年设立了发展中国家博士生项目,鼓励学生到发展中国家亲身体验和调研,在全球化背景下研究发展中国家的各类问题。

在博士学位评定方面,权力要进一步下放,学术判断应该由各领域的学者来负责。院系二级学术单位应该在评定博士论文水平上拥有更多的权力,也应担负更多的责任。清华大学从 2015 年开始把学位论文的评审职责授权给各学位评定分委员会,学位论文质量和学位评审过程主要由各学位分委员会进行把关,校学位委员会负责学位管理整体工作,负责制度建设和争议事项处理。

全面提高人才培养能力是建设世界一流大学的核心。博士生培养质量的提升是大学办学质量提升的重要标志。我们要高度重视、充分发挥博士生教育的战略性、引领性作用,面向世界、勇于进取,树立自信、保持特色,不断推动一流大学的人才培养迈向新的高度。

邱勇

清华大学校长

2017 年 12 月

丛书序二

以学术型人才培养为主的博士生教育,肩负着培养具有国际竞争力的高层次学术创新人才的重任,是国家发展战略的重要组成部分,是清华大学人才培养的重中之重。

作为首批设立研究生院的高校,清华大学自20世纪80年代初开始,立足国家和社会需要,结合校内实际情况,不断推动博士生教育改革。为了提供适宜博士生成长的学术环境,我校一方面不断地营造浓厚的学术氛围,另一方面大力推动培养模式创新探索。我校从多年前就已开始运行一系列博士生培养专项基金和特色项目,激励博士生潜心学术、锐意创新,拓宽博士生的国际视野,倡导跨学科研究与交流,不断提升博士生培养质量。

博士生是最具创造力的学术研究新生力量,思维活跃,求真求实。他们在导师的指导下进入本领域研究前沿,汲取本领域最新的研究成果,拓宽人类的认知边界,不断取得创新性成果。这套优秀博士学位论文丛书,不仅是我校博士生研究工作前沿成果的体现,也是我校博士生学术精神传承和光大的体现。

这套丛书的每一篇论文均来自学校新近每年评选的校级优秀博士学位论文。为了鼓励创新,激励优秀的博士生脱颖而出,同时激励导师悉心指导,我校评选校级优秀博士学位论文已有20多年。评选出的优秀博士学位论文代表了我校各学科最优秀的博士学位论文的水平。为了传播优秀的博士学位论文成果,更好地推动学术交流与学科建设,促进博士生未来发展和成长,清华大学研究生院与清华大学出版社合作出版这些优秀的博士学位论文。

感谢清华大学出版社,悉心地为每位作者提供专业、细致的写作和出版指导,使这些博士论文以专著方式呈现在读者面前,促进了这些最新的优秀研究成果的快速广泛传播。相信本套丛书的出版可以为国内外各相关领域或交叉领域的在读研究生和科研人员提供有益的参考,为相关学科领域的发展和优秀科研成果的转化起到积极的推动作用。

感谢丛书作者的导师们。这些优秀的博士学位论文,从选题、研究到成文,离不开导师的精心指导。我校优秀的师生导学传统,成就了一项项优秀的研究成果,成就了一大批青年学者,也成就了清华的学术研究。感谢导师们为每篇论文精心撰写序言,帮助读者更好地理解论文。

感谢丛书的作者们。他们优秀的学术成果,连同鲜活的思想、创新的精神、严谨的学风,都为致力于学术研究的后来者树立了榜样。他们本着精益求精的精神,对论文进行了细致的修改完善,使之在具备科学性、前沿性的同时,更具系统性和可读性。

这套丛书涵盖清华众多学科,从论文的选题能够感受到作者们积极参与国家重大战略、社会发展问题、新兴产业创新等的研究热情,能够感受到作者们的国际视野和人文情怀。相信这些年轻作者们勇于承担学术创新重任的社会责任感能够感染和带动越来越多的博士生,将论文书写在祖国的大地上。

祝愿丛书的作者们、读者们和所有从事学术研究的同行们在未来的道路上坚持梦想,百折不挠!在服务国家、奉献社会和造福人类的事业中不断创新,做新时代的引领者。

相信每一位读者在阅读这一本本学术著作的时候,在汲取学术创新成果、享受学术之美的同时,能够将其中所蕴含的科学理性精神和学术奉献精神传播和发扬出去。

清华大学研究生院院长

2018 年 1 月 5 日

导师序言

当今世界,百年未有之大变局正加速演进,外部环境复杂多变,国内改革发展稳定任务繁重。社会中的"黑天鹅""灰犀牛"式风险纷至沓来,令人应接不暇。这迫切需要我们将风险研究水平提到更高的深度上。这本书是我指导的学生程佳旭的博士论文研究成果,在本书中她敏锐地捕捉到一个反常的风险现象:相较于小概率偶发的"黑天鹅"事件,为什么发生概率大且影响极其巨大的"灰犀牛"式风险也会被人们忽略?当庞大而沉重的"灰犀牛"的身影一步步逼近时,是什么因素导致人们消极应对?

无论是从实践上还是从理论上来说,这都是一个悖论。已有研究通常表明,感知到的风险越高,人们越倾向于采取积极的行动去应对它。而对于如同"灰犀牛"式的风险,人们从它一步步走来时便能感知到,却不采取积极行动策略,对于这种现象,既有风险感知研究无法很好地进行解释。在风险感知之外,很有可能还有更复杂的因素影响人们的行为选择,这通常与具体的风险情境有关。在本书中,这一风险情境就是基层干部对于社会稳定风险的应对。在"一票否决"的刚性压力下,一些基层干部仍然对社会稳定风险采取消极应对策略,这其中除了风险感知等个体因素外,社会稳定风险情境中复杂的制度因素起到了关键性的作用。由此,针对基层干部在应对"灰犀牛"式社会稳定风险时的消极行为,本书主要从风险认知和制度压力两个方面系统深入地探寻该现象的发生机理,构建了解释基层干部社会稳定风险应对行为的认知—制度分析框架;通过对 E 市"城市综合治理"专项行动中典型案例的深度探索性分析,修正了研究框架;通过对 E 市基层维稳干部进行的问卷调查,进一步验证了分析框架和研究假定的解释力。

这一研究具有重要的学术意义。在风险研究中,对风险感知和应对行为的研究通常集中在自然灾害、公共卫生等领域,在社会稳定这一更为复杂的风险情境中进行研究是一个重要的扩展。在研究对象上,也把分析一般公众风险感知与应对行为的理论模型延展到了基层干部社会稳定风险感知与应对行为这一新的领域,特别是深化了制度压力对于基层干部行为产生突出影响力的因果机理分析。从公众到基层干部，从自然灾害、公共卫生风险到社会稳定风险，在更复杂的多重因素相互作用的风险情境下，这一研究成功地探索了"灰犀牛"式社会稳定风险被消极对待的制度和认知根源。

同时，本书也具有很强的现实针对性和政策启发意义。基层处于维稳一线，是应对社会稳定风险的"神经末梢"；基层的应对能力，在很大程度上决定了整个社会治理体系的风险应对能力。当前，中央提出要构建共建共治共享的社会治理格局，坚持和发展"枫桥经验"，把各种矛盾纠纷化解在基层，本书对基层干部社会稳定风险应对行为影响因素的研究，可以为治理"为官不为"现象、激发基层社会治理活力提供一定的政策启示。

本书在研究过程中，下了很大的功夫收集实证资料。对于社会稳定风险这一复杂的风险情境、基层干部这一鲜活的研究对象，均没有现成的数据和资料可寻，也没有捷径可走，必须老老实实进行调查研究，收集一手数据。为此，佳旭克服困难，深入基层调研了很长一段时间，特别是她在街道、乡镇进行的蹲点研究，通过参与式观察和深度访谈收集到大量数据资料，在此过程中，她发现了真问题，也不断修正和验证了自己的假设。大量的一手实证资料使本书的实证基础扎实，更具有科学性和可读性。这种认真严谨的学术态度也是我在指导学生写作博士论文时一直鼓励和推崇的。学术研究应当勇攀高峰，没有难度和挑战性的研究是达不到博士论文的标准和要求的。只有真正深入现实情景，花了真功夫，才能发现真问题，做出既有常识性又有前沿性的真研究。

谨以此序，向读者推介此书。

彭宗超

2023 年 12 月

摘　要

近几十年的经济社会转型使中国面临日益复杂的社会矛盾和社会稳定风险。现实中,在"一票否决"的刚性维稳压力下,对于发生概率大且影响巨大的"灰犀牛"式社会稳定风险,一些基层干部会采取视而不见或见而不为的消极应对策略,造成了不良的社会影响。一言以蔽之,庞大的"灰犀牛"为何被人们忽视?这一反常识现象,是本书研究和思考的缘起。

已有研究对此类消极的风险应对行为缺乏合理的解释,且多将政府预设为理性的整体,忽略了基层干部个体风险感知对行为的影响。因此,笔者基于现实困惑和理论悖论提出本研究的核心研究问题:风险感知与制度压力是否以及如何影响基层干部应对社会稳定风险的行为策略?具体的研究问题包括:(1)个体对风险的感知因素如何影响基层干部的社会稳定风险应对行为?(2)制度因素对基层干部社会稳定风险应对行为的影响机制是怎样的?(3)感知因素与制度因素如何相互作用,来对基层干部的社会稳定风险应对行为产生影响?

为了回答核心研究问题,笔者采用混合式研究策略,逐步构建、修正并验证了理论分析框架。首先,基于已有研究初步构建了基层干部社会稳定风险应对行为的认知—制度分析框架;然后,通过探索性的案例研究,对E市"城市综合治理"专项行动这一高社会稳定风险情境中基层干部的行为进行过程追踪和比较案例研究,修正并完善了分析框架;最后,遵循心理测量与被试内实验设计的思路设计了调查问卷,通过对真实基层维稳干部的调查,对理论分析框架进行了定量分析验证。

本研究发现,基层干部的消极应对行为与风险感知状况和制度压力有关:第一,基层干部的社会稳定风险应对行为是由制度压力塑造的,维稳时间约束和维稳任务清晰度正向影响基层干部的社会稳定风险应对行为。第二,在社会稳定风险情境下,基层干部的个体感知因素在制度因素的基本框架下对行为产生影响。社会稳定风险感知对维稳时间约束和社会稳定风险应对行为之间的正向关系起干扰作用;资源属性感知对维稳时间约束和社会稳定风险应对行为之间的正向关系起增强作用；效能属性感知对维稳任务清晰度和社会稳定风险应对行为之间的正向关系起干扰作用。

本研究的主要贡献在于：其一，针对社会稳定风险这一情境，构建了一个综合性的分析框架，探讨了"灰犀牛"式风险被忽视的根源；其二，进一步细化了制度压力对于基层干部行为的具体影响机制，并拓展了风险感知与应对行为理论模型的研究对象和研究领域。同时，可以为完善风险治理体系以及治理干部"为官不为"的现象提供一定的政策启示，从制度设计和心理干预层面破解基层干部"不敢为""不愿为""不能为"的难题。

作为博士论文的研究成果，囿于研究能力和研究资源的限制，本书存在诸多不足和缺憾之处，请读者海涵并不吝赐教。人类文明的发展史也是一部不断改进应对风险和不确定性方法的历史。如果说本书具有一些理论贡献，也是在前人的基础上取得的，在此向致力于风险研究和风险处置的无数前辈们致敬。对"灰犀牛"的探索，永不止息。

关键词：社会稳定风险感知；制度压力；风险应对行为；基层干部

Abstract

In the past several decades, the economic and social transformation has made China face increasingly complex social conflicts and social stability risks. In reality, some social stability risks are seen as "gray rhino" which are highly-probable and has huge impact. However, under the rigid "one-vote veto" pressure of maintaining social stability, some grass-roots officials still take negative coping strategies to deal with those risks. They either turn a blind eye or fail to perform their duties, which has caused adverse social impact. In a nutshell, why is the massive "gray rhino" being overlooked by people? This counterintuitive phenomenon serves as the starting point for this book.

Existing studies lack a reasonable explanation for these negative behaviors, and often presume that the government is a whole rational actor, neglecting the impact of officials' individual risk perception on their behaviors. To fill the gap, this book focuses on the following core research question: Does and how does risk perception and institutional pressure influence the behaviors of grass-roots officials in their reactions to social stability risk? The core question can be broken down into three concrete questions. (1) How does an individual's risk perception affect the social stability risk coping behaviors of grass-roots officials? (2) What is the impact mechanism of institutional factors on the social stability risk coping behaviors of grass-roots officials? (3) How does the interaction between perception and institutional factors affect the social stability risk coping behaviors of grass-roots officials?

In order to address the core research question, the author adopted a mixed research strategy and gradually constructed, revised, and validated the theoretical analytical framework. First, based on existing studies, this dissertation establishes a cognitive-institutional analysis framework for social stability risk coping behaviors of grass-roots officials. Second, through exploratory case studies, process tracing and comparative case study methods were conducted to study the behaviors of grass-roots officials in the Special Action of "Comprehensive Urban Governance" in city E. This Special Action has high social stability risk. With these case studies, the analysis framework is revised and improved. Finally, this dissertation designs a questionnaire based on the ideas of psychological measurement and within-subjects design. Through implementing a survey of active grass-roots officials, the theoretical analysis framework is verified quantitatively.

This study finds that the negative coping behaviors of grass-roots officials are correlated to risk perception and institutional pressure. First, the social stability risk coping behaviors of grass-roots officials are shaped by institutional pressure. The stability maintenance time constraint and the clarity of the stability maintenance task positively affect the social stability risk coping behaviors of grass-roots officials. Second, in the context of social stability risk and within the basic framework of institutional factors, the individual cognitive factors of grass-roots officials have an impact on their behaviors. Social stability risk perception interferes with the positive relationship between stability maintenance time constraint and social stability risk coping behaviors; the resource-related perception enhances the positive relationship between stability maintenance time constraint and social stability risk coping behaviors; the efficacy-related perception interferes with the positive relationship between the clarity of the stability maintenance task and social stability risk coping behaviors.

The main contributions of this study are as follows: First, this book establishes a comprehensive analysis framework in the context of social stability risk, which explains the phenomenon of "gray rhino" risks being neglected. Second, the influencing mechanism of the institutional pressure on the behaviors of grass-roots officials is further clarified and detailed, and the research objects and research fields of the risk perception and coping behaviors theoretical model are expanded. Meanwhile, this study offers valuable policy insights for enhancing the risk governance system and addressing the issue of officials evading their responsibilities. It aims to address the challenges faced by grass-roots officials in terms of hesitancy, unwillingness, or inability to take action through a combination of institutional design and psychological interventions.

As an outcome of my doctoral dissertation research, this book exhibits certain limitations and deficiencies attributable to constraints in both research capabilities and resources. I humbly request the readers' comprehension while also welcoming any suggestions or guidance. The annals of human civilization have consistently witnessed advancements in methodologies aimed at addressing risks and uncertainties. If this book has made any theoretical contributions, they are firmly rooted in the groundwork laid by numerous predecessors who devoted themselves to risk research and management. The exploration of "grey rhinos" shall endure incessantly.

Key words: Perception of social stability risk; Institutional pressure; Risk-coping behaviors; Grass-roots officials

目 录

表格索引 ·· *21*
插图索引 ·· *23*

第 1 章 绪论 ··· 1
1.1 研究背景 ·· 1
1.1.1 实践背景 ··· 1
1.1.2 理论背景 ··· 2
1.2 研究问题和研究意义 ·· 5
1.3 概念界定、研究对象和研究方法 ································ 7
1.3.1 重要概念界定 ··· 7
1.3.2 研究对象 ··· 9
1.3.3 研究方法 ··· 9
1.4 研究思路与篇章结构 ·· 11

第 2 章 文献综述 ·· 14
2.1 认知视角下的政府官员行为 ······································ 14
2.1.1 行为公共管理学的新进路 ··································· 14
2.1.2 风险视域下的个体感知与应对行为 ····················· 17
2.1.3 文献评述 ··· 21
2.2 制度视角下的政府官员行为 ······································ 22
2.2.1 激励机制 ··· 23
2.2.2 压力机制 ··· 30
2.2.3 文献评述 ··· 33
2.3 小结与评述 ··· 34

第 3 章　理论框架的初步建构 ································· 37
3.1　行为情境：社会稳定风险情境中的基层干部 ············· 38
3.2　认知因素与基层干部风险应对行为 ······················· 39
3.2.1　社会稳定风险感知 ······························· 40
3.2.2　应对行为感知 ··································· 41
3.3　压力型维稳体制与基层干部风险应对行为 ············· 43
3.3.1　维稳时间约束 ··································· 43
3.3.2　维稳任务清晰度 ································· 44
3.3.3　维稳问责强度 ··································· 45
3.4　个体特征因素 ··· 47
3.5　本章小结 ··· 48

第 4 章　探索性案例研究与理论框架的修正 ················· 50
4.1　研究方法 ··· 50
4.1.1　案例研究方法 ··································· 50
4.1.2　案例研究设计 ··································· 51
4.1.3　案例的选择 ····································· 53
4.1.4　资料的收集 ····································· 54
4.2　案例背景 ··· 57
4.2.1　E 市"城市综合治理"专项行动 ··············· 57
4.2.2　F 区在"城市综合治理"专项行动中的位置 ··· 58
4.2.3　H 街道概况 ····································· 59
4.3　M 鞋城关停案例 ··· 61
4.3.1　M 鞋城概况与政策的变动 ····················· 61
4.3.2　高社会稳定风险，刚性维稳压力 ············· 62
4.3.3　时任街道领导班子的应对 ····················· 64
4.3.4　契机：明确的政治命令与新班子的上任 ····· 67
4.3.5　小结 ··· 74
4.4　J 商城疏解案例 ··· 76
4.4.1　J 商城概况 ······································· 76
4.4.2　从升级改造到停滞 ····························· 77
4.4.3　模糊的规划与 H 街道班子的应对 ············· 78

4.4.4　小结 ………………………………………………… 81
　4.5　理论框架的修正 ……………………………………………… 82

第 5 章　问卷设计与数据分析方法 …………………………………… 86
　5.1　问卷调查法 …………………………………………………… 86
　5.2　问卷的设计 …………………………………………………… 87
　　　5.2.1　问卷设计的基本思路 ………………………………… 87
　　　5.2.2　问卷设计流程 ………………………………………… 89
　　　5.2.3　对偏差的克服 ………………………………………… 90
　5.3　变量操作化 …………………………………………………… 91
　　　5.3.1　感知变量 ……………………………………………… 91
　　　5.3.2　情景模拟 ……………………………………………… 94
　　　5.3.3　控制变量 ……………………………………………… 98
　5.4　问卷发放与收集 ……………………………………………… 98
　　　5.4.1　抽样方法 ……………………………………………… 98
　　　5.4.2　问卷的发放 …………………………………………… 99
　5.5　数据分析方法 ………………………………………………… 100
　5.6　本章小结 ……………………………………………………… 101

第 6 章　实证分析结果 ………………………………………………… 102
　6.1　问卷效度与信度检验 ………………………………………… 102
　　　6.1.1　效度检验 ……………………………………………… 102
　　　6.1.2　信度检验 ……………………………………………… 110
　6.2　描述性统计分析 ……………………………………………… 110
　　　6.2.1　被调查者特征 ………………………………………… 111
　　　6.2.2　"城市综合治理"专项行动社会稳定风险评价 ……… 112
　　　6.2.3　因变量描述性分析 …………………………………… 113
　　　6.2.4　其他变量描述性分析 ………………………………… 115
　6.3　方差分析 ……………………………………………………… 115
　　　6.3.1　相同被调查者在不同情景下行为意向的
　　　　　　差异性分析 …………………………………………… 115
　　　6.3.2　变量间显著交互性方差分析 ………………………… 117
　6.4　个体感知对行为的影响 ……………………………………… 118

6.5 分层线性模型分析 ·· 119
    6.5.1 模型的选择 ··· 119
    6.5.2 缺失值的插补 ··· 120
    6.5.3 HLM 中的自变量中心化问题 ································ 120
    6.5.4 HLM 的模型设定 ·· 120
6.6 稳健性检验 ··· 133
    6.6.1 OLS 估计检验 ··· 133
    6.6.2 其他自变量中心化方式检验 ································· 135
    6.6.3 分样本检验 ··· 136
    6.6.4 对竞争性解释的检验 ·· 143
6.7 本章小结 ·· 146

第 7 章 结论与讨论 ··· 149
7.1 主要结论 ·· 149
7.2 进一步的讨论 ·· 151
    7.2.1 "灰犀牛"为什么被忽视 ·································· 151
    7.2.2 基层干部与公众在风险感知及应对行为
           上的差异 ·· 154
7.3 政策启示 ·· 156
7.4 研究贡献与不足 ··· 157

参考文献 ·· 160

附录 ··· 173
附录 A 访谈提纲 ·· 173
附录 B 访谈对象汇总表 ··· 175
附录 C E 市"城市综合治理"专项行动社会稳定风险
        调查问卷 ·· 177

后记 ··· 183

表格索引

表 2.1　三种常见个体风险应对行为意向模型对比 …………… 21
表 3.1　初步研究命题 …………………………………………… 48
表 4.1　资料收集概况 …………………………………………… 55
表 4.2　H 街道待疏解市场情况 ………………………………… 60
表 4.3　M 鞋城关停工作组织机构 ……………………………… 69
表 4.4　M 鞋城现场工作组 ……………………………………… 70
表 4.5　M 鞋城关停维稳工作安排 ……………………………… 71
表 4.6　J 商城疏解相关书面汇报材料（2018 年 10 月） ……… 80
表 4.7　M 鞋城关停案例与 J 商城疏解案例的比较 …………… 81
表 4.8　研究假设 ………………………………………………… 85
表 5.1　问卷发放过程 …………………………………………… 99
表 6.1　社会稳定风险感知各题项因子分析结果 ……………… 103
表 6.2　社会稳定风险感知变量描述性分析 …………………… 105
表 6.3　资源属性感知与效能属性感知各题项因子分析结果 … 105
表 6.4　资源属性感知与效能属性感知变量描述性分析 ……… 106
表 6.5　因子分析检验共同方法偏差结果 ……………………… 107
表 6.6　主观感知题项皮尔森相关系数矩阵 …………………… 108
表 6.7　各主观感知变量的信度检验结果 ……………………… 110
表 6.8　样本基本信息统计 ……………………………………… 111
表 6.9　"城市综合治理"专项行动重点任务社会稳定
　　　　风险感知评价 ………………………………………… 113
表 6.10　因变量描述性统计分析 ………………………………… 114
表 6.11　因变量行为意向分组配对 t 检验 …………………… 115
表 6.12　控制变量描述性分析 …………………………………… 115

表 6.13	四个不同情景下行为意向的均值与标准差	116
表 6.14	一般线性模型重复测量方差法主体内对比检验	116
表 6.15	解释变量及交互项对于被解释变量的统计交互性	117
表 6.16	个体感知因素对基层干部社会稳定风险应对行为意向影响的多元线性回归结果	118
表 6.17	虚无模型(零模型)分析结果	121
表 6.18	随机模型分析结果	122
表 6.19	截距模型分析结果	124
表 6.20	斜率模型(完整模型)分析结果	126
表 6.21	HLM 分析结果汇总	128
表 6.22	OLS 模型回归系数估计结果	134
表 6.23	第一层自变量采用总平均数中心化的模型分析结果	137
表 6.24	领导干部组 HLM 分析结果	139
表 6.25	非领导干部组 HLM 分析结果	141
表 6.26	对问责感知的检验	144
表 6.27	研究假设的实证分析结果汇总	147

插图索引

图 1.1 研究路线 ······ 12
图 1.2 篇章结构 ······ 12
图 2.1 行为公共管理学的研究内容 ······ 16
图 2.2 健康信念模型 ······ 18
图 2.3 保护动机理论模型 ······ 19
图 2.4 防护行为决策模型 ······ 20
图 3.1 理论分析框架的初步建构 ······ 49
图 4.1 E 市中心城区示意图 ······ 59
图 4.2 M 鞋城关停案例中的影响因素 ······ 74
图 4.3 基层干部社会稳定风险应对行为的认知—制度分析框架 ······ 83
图 6.1 恐惧感知的调节效应 ······ 130
图 6.2 可控性感知的调节效应 ······ 131
图 6.3 资源属性感知的调节效应 ······ 132
图 6.4 效能属性感知的调节效应 ······ 133
图 6.5 定量分析结果 ······ 146

第1章 绪　　论

1.1 研究背景

1.1.1 实践背景

对现代性的反思是现代社会的重要议题之一。现代科技在促使人类社会的物质水平得到极大进步的同时，也为自然和社会环境带来各种风险。在多种风险类型中，人们往往更易关注到小概率而又影响巨大的"黑天鹅"类风险事件，而忽视"灰犀牛"的存在。"灰犀牛"一词常用来形容发生概率大且影响巨大的风险事件，如同灰犀牛从远处奔袭而来，人们早已能够看到它巨大的阴影，却常常不以为意（米歇尔·渥克，2017）。米歇尔·渥克（2017）认为，很多危机事件，与其说是"黑天鹅"，其实更像是大概率的"灰犀牛"事件，其潜在风险已经被发现，却没有得到适时而积极的防范和应对，最终爆发为危机事件。那么，为什么我们对大概率且影响巨大的风险应对不力呢？对这一"灰犀牛"现象的思考，是本书研究的缘起。

近几十年来，在工业化与全球化的浪潮中，中国经济得以高速发展，但也与很多国家一样，被迫卷入以现代性为主要标志的"风险社会"之中（方曼，2017）。在转型期的中国，"灰犀牛"式风险体现在多个方面，其中社会稳定风险尤为突出。中国的经济社会改革进入深水区，社会利益主体多元化，社会矛盾复杂，维护社会稳定的难度大。面对复杂多变的安全和发展环境，如何科学地处理好改革、发展与稳定之间的关系，增强忧患意识，做到居安思危，是摆在各级党委和政府面前的一道难题，也是新时代治国理政的重要议题。总体国家安全观提出，社会安全关系到广大人民群众的切身利益，是社会安定的风向标，因此要积极预防、减少和化解社会矛盾（中共中央宣传部，2019）。在中国传统的政治语境中，"稳定压倒一切"也是核心治理价值（俞可平，2019），与此相对应的，传统维稳体系是通过压制的手段维持政权稳定和现存公共秩序的压力型维稳体制①，维稳工作经层层量化分解下派后，常用于评估基层干部的工作绩效（杨雪冬，2012）。现实中，基层的维稳工作是个非常宽泛的概念，包括治安管理、外来人口管理、社会矛盾化解、信访总量控制、社会舆论引导、突发事件处置等一系列繁杂的工作（容志、陈奇星，2011）。在"一票否决"的维稳压力之下，基层干部为了维稳经常不惜代价（杨志玲等，2015）。但是，在这样的维稳责任体系下，在现实中的一些高社会稳定风险领域，因地方干部忽视或消极应对社会稳定风险，导致出现社会矛盾或社会冲突的事例却并不鲜见，成为威胁我国社会安全的"灰犀牛"。以2012年江苏启东王子制纸排海事件为例，造纸厂项目上马前已按照决策程序规定进行了社会稳定风险评估，评估结果显示出项目具有高社会稳定风险，最终引发了大规模的群体性事件，造成了恶劣影响。又例如，超大型城市的疏解整治工作需要对人口总量进行控制，对功能和产业进行清退，容易造成社会矛盾与冲突。如何在完成疏解工作的同时维持城市社会秩序的安定有序，同样是摆在管理者面前的一道难题。2017年冬季，在北京西红门火灾后的排查、清理和整治行动中，基层政府对流动人口的紧急清退和驱离，造成了社会面的不稳定问题，并引发了严重的舆情危机。事实上，街道、乡镇层级的基层干部处于压力型维稳体制的最底层，是维稳工作的直接执行者和主要责任人，同时，基层的干部处于国家与社会的交接处，是直面社会各方群众与社会矛盾的官员层级，因而处于政治压力与社会压力的双重挤压之中。但是，基层干部在疏解整治行动中应对"灰犀牛"式社会稳定风险的态度却十分消极，造成了社会不稳定因素的出现。这类案例虽然不是普遍的，却时有发生，成为社会安全类危机事件中的常见现象。值得注意的是，以上现象中，社会稳定风险已被认识到是大概率会出现的，且一旦爆发为危机事件，会对社会安全造成极为重大而恶劣的影响，并损害政府的形象和公信力，但相关干部仍然消极应对。

基于此，本研究的现实困惑是：为什么在社会风险较高的领域，在"一票否决"的压力型维稳体制之下，一些基层干部仍会对社会稳定风险采取视而不见或见而不为的消极应对策略？

1.1.2 理论背景

对于政府及官员行为的研究一直是理解国家治理模式与探讨政府运行

---

① 压力型维稳体制的概念界定详见"1.3.1 重要概念界定"部分。

机制的重要议题之一。制度主义视角的研究关注地方政府官员行为的制度性背景因素,尝试回答制度是如何塑造官员行为的,为学者们讨论政府官员行为积累了大量经验素材。这一讨论大致沿袭着两条脉络,具体如下。

第一,以交换为核心的激励机制。已有研究主要从正向的财政激励、晋升激励以及负向的问责制度来探讨激励因素对于政府官员行为的影响。财政激励和晋升激励可以分别从经济和政治两方面来驱动政府官员采取积极的促进经济增长的行为(Montinola et al.,1995;Walder,1995;Qian & Weingast,1997;周黎安,2004;Li & Zhou,2005;周黎安,2007)。而问责制度则通过对不履行职能行为的威慑与追惩,对政府官员的行为起到负向激励作用(郁建兴、高翔,2012;杨宏山,2017;Mertha,2005;福山,2014;倪星、王锐,2018)。

第二,以权威为核心的压力机制。与激发政府官员自主性和创造性动能的激励机制相比,压力机制是更基础而广泛地存在于政府组织内部的制度因素,这构成了官员日常行为最重要的制度背景。已有研究主要从行政体系理性化带来的控制以及中国的压力型体制出发来讨论政府官员在这一制度约束下的行为策略。一方面,行政体系通过正式的程序规则以及政府组织运行过程中行政压力的传递机制,对下级政府及官员进行约束和控制。近几十年的行政改革过程是一个行政体系不断走向理性化、规范化的过程,这使得规则为本、按章办事成为我国政府行政体系运作的基础,正式的规章程序是政府官员行为的基础性制度约束(周雪光,2012;张康之,2001;吕方,2013;斯科特、戴维斯,2011;宋琳、赖诗攀,2016;Weber,1978)。另一方面,压力型体制揭示了基层政府官员面临的更为复杂的制度安排。在任务分层量化发包的体系之下,越往下级政府,指标越多,压力越大,同时地方政府出于风险规避的考虑还会主动给下级的指标加码,这在维稳领域尤其突出(荣敬本等,1998;欧阳静,2009;杨雪冬,2012;唐皇凤,2012;周黎安等,2015)。压力型体制生动地描绘出各级政府在各种压力下的运作过程,特别是其导致基层政府对科层制进行转换,对权力运作策略进行创造,诱发基层政府的各类偏差行为、非正式行为(应星,2001;周雪光,2005,2008;欧阳静,2011;冉冉,2013;O'Brien & Li,1999;于建嵘,2012)。

制度主义视角的研究从激励因素与压力因素等方面对政府官员行为的制度性影响机制进行了解释,为我们初步构建了官员行为的基础性制度环境图景。但是,这一视角的研究并不能充分地解释笔者的现实困惑。主要原因包括:首先,制度主义视角的研究对象大多是作为整体的地方政府,或者是作为地方政府首要负责人的主要行政长官,特别是激励机制主要解释的是地方政府主要行政长官在追求经济增长中的行为,对于大量基层普通干部的行为解释力是不足的。第二,在制度视角下,政府官员被预设为理性的政治行动者,在制度的塑造下寻求利益的最大化,通过衡量在现有制度体系内的成败得失来作出行动,忽略了官员个体的非理性因素,以及个体间的差异。第三,在对基层干部维稳行为的研究中,制度视角的研究关注的主要是基层干部在压力型维稳体制下的执行行为,而忽视了这也是基层干部对社会稳定风险的一种回应行为。这种双重性是由基层干部的双重角色所决定的。一方面,街道、乡镇层级的基层干部在行政体系中处于最底层,其行为受到中央和上级政府政策指令的约束,也是维稳工作的实际执行者。基层干部处于制度体系内的这种角色特征是制度主义视角对于政府行为研究的出发点。另一方面,街道、乡镇层级的基层干部与其他层级官员的区别是,他们处于国家与社会之间的交接点上,直接面向广大的乡土社会,与社会公众直接联系,其行为直接暴露在社会公众的视野下,也更为直接地面对社会的不稳定因素。因此,相较于更高层级的官员,基层干部对社会稳定情况的感知更为深刻和直观,其面对社会稳定风险的应对行为也会在更大程度上受到个体风险感知因素的影响,不仅是对压力型体制中自上而下传递的维稳任务的执行行为,而且也是一种基于个体风险感知而采取的应对行为。

基于以上制度主义视角研究的局限性,为了解释本研究的现实困惑,必须将微观认知视角对于政府官员行为的解释,特别是对风险感知与应对行为间关系的研究纳入分析。事实上,对于"行为"的关注,是公共管理学与心理学互通的基础(张书维,2018)。要真正地理解政府行为,必须对行为的认知基础进行研究。行为公共管理学基于对个体有限理性的预设,以及对个体动机、态度、感知的关注,为研究政府官员的个体行为开辟了微观的进路,关注公共服务动机、个体感知等因素对于政府官员个体行为的影响(Kim & Vandenabeele,2010;Rainey & Steinbauer,1999;Bellé,2014;张书维、李纾,2018)。而风险感知研究虽然与行为公共管理共享着个体认知心理的微观视角,但研究对象多为普通公众对于灾害风险的感知与应对,较少涉及处于制度约束之下的政府官员。风险感知研究通常认为,个体应对风险的行为意向往往与对风险的感知相联系,风险感知在促使个体采取行动去避免、减缓或适应风险上扮演着重要角色。很多研究证实,风险感知正向影响个体采取应对行为的意向,高风险感知的个体往往会在风险来临前预先做好防范准备,采取避害措施,而低风险感知的个体则较少回应风险前的警告,其防范行为意向更低(Ruin et al.,2007;Hung et al.,2007)。然而,事实并非总是如此,一些研究证据表明,尽管个体风险感知较高,他们却很少采取适当的防范措施,甚至可能对风险采取回避或消极的应对行为(Wachinger et al.,2013;Siegrist & Gutscher,2006;Karanci et al.,2005;Hall & Slothower,2009;Haynes et al.,2008)。这种在高风险感知时采取消极应对行为的现象,被称为"风险感知悖论",与"灰犀牛"现象有共通之处。"风险感知悖论"表明,风险感知与个体行动意愿之间的关系是复杂而不确定的,已有研究尚未达成一致的结论,可能存在其他因素从中起作用。因此,基层干部对社会稳定风险的感知是否会影响其应对行为,以及影响的机制如何,尚待进一步的探索。

1.2 研究问题和研究意义

为什么在高社会风险的情境下,在刚性的"一票否决"①压力型维稳体制下,一些基层干部仍然会采取消极应对行为?已有理论无法解释本研究的这一现实困惑,其原因可能包括:第一,理论预设不符合真实情景,使得理论对现实困惑的解释力度有限。现有的制度视角的文献对于政府行为的解释大多将政府预设为一个理性的整体,忽略了干部个体的非理性因素,而且很少区分不同层级政府官员行为影响因素的差异性特征,忽视了真实情境中干部个体行为的差异性和丰富性,因此对基层干部个体应对行为的解释是不足的。第二,现有理论可能遗漏了影响基层干部社会稳定风险应对行为的关键解释变量。一方面,对于压力型维稳体制的研究,多关注的是"一票否决"的维稳问责压力对干部应对行为的促进作用,无法解释一些干部在这种刚性压力下仍然采取消极应对行为的现象,因此,可能还存在其他影响基层干部行为的关键制度变量。另一方面,作为国家与社会间的过渡与连接,基层干部的应对行为可能受到个体对于社会稳定风险感知因素的影响,因此,需要引入微观视角中的风险感知这一变量。

基于既有理论对于现实问题解释的不足,提出本研究的核心研究问题:风险感知与制度压力是否以及如何影响基层干部应对社会稳定风险的行为策略?

具体来说,将探讨以下三个研究问题:

---

① "一票否决"指政府部门干部考核中,在规定的多项任务中,有任意一项或者特定某项没有完成,则评估为整体不合格。

(1) 个体对风险的感知因素如何影响基层干部的社会稳定风险应对行为？

(2) 哪些制度压力因素影响了基层干部的社会稳定风险应对行为策略？其作用的主要机制是什么？

(3) 风险感知因素与制度压力因素如何相互作用，来对基层干部个体的社会稳定风险应对行为产生影响？

本研究结合具体的社会稳定风险情境，通过对基层干部所面临制度压力的详细刻画，加入对基层干部个体风险感知因素的考量，构建并验证完善了一个基层干部社会稳定风险应对行为的综合性解释框架，以弥补已有研究对于现实问题解释力的局限。本研究的意义具体阐述如下：

1. 理论意义

第一，尝试从综合性的研究视角出发，构建基层干部社会稳定风险应对行为的认知—制度分析框架，解释社会安全领域"灰犀牛"式风险发生的认知与制度根源，在风险应对这一行为领域揭开对于政府官员行为研究充满不确定性和模糊性的"黑箱"，有助于在一定程度上弥合各个学科不同的研究视角和研究进路对政府官员行为研究各自割裂的现状。

第二，既有的压力型体制研究为进一步探讨政府行为积累了大量生动而丰富的经验观察素材，但大多停留在对现象的描述上，面临理论和实证研究匮乏的困境。在研究对象上，既有的制度主义研究大多着眼于作为整体的地方政府，抑或是作为地方政府主要负责人的主要行政长官，而对于大量基层普通干部的行为逻辑缺乏针对性的解释。本研究通过阐释压力型维稳体制对于基层干部行为的具体影响机制，进一步细化了对压力型维稳体制的研究，也弥补了对于街道、乡镇基层干部这一压力型维稳体制末梢特定群体研究的不足。

第三，有助于拓展现有风险研究中风险感知与应对行为理论模型的研究对象和研究领域。长期以来，由于数据可得性等局限，风险研究大多关注普通公众对自然灾害风险的感知和应对行为。将风险研究的研究对象扩展到处于制度约束下的基层干部，将风险研究领域由自然灾害扩展到更具复杂性和不确定性的社会风险情境，并通过问卷调查收集基层干部风险感知与行动意向的一手原始数据，可以弥补行为公共管理学研究中实验法外部效度的不足。

2. 政策意义

本研究通过揭示制度环境以及认知因素对基层干部社会稳定风险应对

行为的影响机制,力图为完善我国的风险治理体系提供有针对性的政策建议,并为改善"为官不为"现象提供新的解决思路。

第一,尝试回应现实中的困惑,解释社会安全领域"灰犀牛"式风险的生成机制,为维稳工作的落实和改进提供有针对性的政策建议,改善象征性执行的痼疾,以更好地防范和化解"灰犀牛"类社会稳定风险。

第二,对于微观层次上的基层干部个体风险应对行为的研究,也是对近年来逐渐引起关注的"为官不为"现象的回应。一些基层干部为什么"不敢为""不愿为""不能为",究其原因,既有制度环境的影响,也有个体心理认知层面的根源。通过对基层干部社会稳定风险应对行为的探讨,希望从制度层面解释干部不作为的原因,思考如何从制度上激发基层干部担当作为的能动性。此外,通过微观视角对个体认知行为的研究,希望能借鉴行为公共管理学的"助推"(Nudge)作用,从心理学的视角来思考政策制定的问题(张书维,2018),通过对政府官员认知和行为的干预来实现更良善而有效的治理。

1.3　概念界定、研究对象和研究方法

1.3.1　重要概念界定

1. 压力型维稳体制

压力型体制这一概念由荣敬本等(1998)学者在研究地方经济发展时提出,用来描述中国各级政府在压力的驱动下运作的过程,是对中国政府运作中分层下派任务体系的一种概括。在这种体系下,一级政治组织(县、乡等)采取将任务和指标进行数量化分解和物质化评价的方式,逐级下派给组织和个人,责令其在规定时间内完成。这一工作机制虽然最早在经济发展领域被创造出来,但后来被广泛地应用到其他问题领域,甚至得到强化(杨雪冬,2012)。

本研究所指的压力型维稳体制就是压力型体制在维护社会稳定这一特定领域的应用,用以描述以压力型体制为核心支撑的维护社会稳定这一语境下特定任务的责任实现机制。压力型维稳体制的特征为:第一,逐层分解发包的维稳任务。基层政府必须在有限的时间内完成上级分配下发的量化维稳任务(荣敬本等,1998;唐皇凤,2012)。第二,与行政命令相结合的严格追究的领导责任制。维稳工作实行"一票否决"的强问责(杨雪冬,2012),对履职不力的维稳责任主体追究行政责任。第三,注重基层一线的

维稳"实战"。基层政府是直面各种社会矛盾和社会问题的政府层级,因此压力型维稳体制重视对基层一线干部维稳能力的培养,包括对基层干部进行轮训,加强适用性应对方法的应用等(于建嵘,2010)。

2. 社会稳定风险感知

风险感知(risk perception)指的是个体对于特定风险的观念、态度、评价和感受,以及个体面对威胁时所采取的更广泛的社会和文化表现(Pidgeon,1998)。这个定义已经暗含着,对于风险感知的理解大体上分野为心理测量与社会文化两种范式取向。早期的心理测量范式主要运用心理学方法研究风险问题,认为风险是经过个体的心理活动主观定义和建构的,可以通过心理学调查来进行测量(Slovic,1987)。社会文化范式认为,风险感知不是客观事实,也不仅仅是个人的心理过程,而是一个被建构的社会过程(Wildavsky & Dake,1990)。近年来,心理测量与社会文化两大范式有逐渐融合的趋势,研究者开始意识到,将心理因素与社会、文化因素进行整合来认识与理解风险感知是十分必要且重要的(方曼,2017)。

在风险感知概念的基础上,将社会稳定风险感知界定为个体对于社会稳定风险的认知心理回应,是个体对社会不稳定(事件)发生后果与影响的评估过程与主观认知(曹峰等,2014)。这个界定有两方面的含义:一方面,基于心理测量范式,社会稳定风险感知是个体差异性的认知心理活动所主观建构的风险;另一方面,基于社会文化范式,社会稳定风险感知也是被个体所处的社会环境中的矛盾与威胁所建构的。本研究将通过这种综合性的视角来界定与理解社会稳定风险感知。

3. 基层干部社会稳定风险应对行为

本研究将基层干部社会稳定风险应对行为界定为街道、乡镇的基层一线维稳干部面对社会稳定风险时采取的回应行为。在这个界定下,基层干部社会稳定风险应对行为不仅是基层干部在压力型维稳体制中出于维稳责任进行的执行行为,也是作为个体对社会稳定风险的感知而作出的应对行为。这个概念有三方面的特征需要厘清。

第一,行为的主体是街道、乡镇的基层一线维稳干部。由于压力型维稳体制具有注重基层、注重"实战"的特点,街道、乡镇层级的干部处于压力型维稳体制的最末端,直面社会矛盾与社会风险,也是代表国家机器直接对社会稳定风险进行处理和应对的主要群体。

第二,行为的层次是基层干部个体微观层次的行为。宏观层次的政府行为研究大多将地方政府作为一个整体来看待,将地方政府视作在制度环境、资源禀赋下需求利益最大化的理性行动者。而本研究所界定的政府行为是微观层次上的基层干部个体行为,将个体的非理性特征纳入分析,强调个体间的差异性。

第三,行为的领域是风险应对行为。在风险研究领域中,风险应对行为源于心理学对于个体认知态度与行为之间关系的研究,指的是个体面对外部风险环境时,为了减轻自然环境或社会环境中极端事件造成的风险,有意识或无意识地采取的保护行为(protective action)或防范行为(precautionary action)(Burton et al.,1993),包括从积极到消极的不同程度的行为。基于此,本研究所界定的基层干部社会稳定风险应对行为指的是基层干部面对社会稳定风险时,基于自身的风险感知所采取的应对行为,包括不同方式、不同程度防范化解社会稳定风险的行为。

1.3.2 研究对象

本研究旨在通过对真实社会稳定风险情境中基层干部风险应对行为策略的观察,探索并检验基层干部社会稳定风险应对行为的影响因素与行为逻辑,因此,研究的对象是高社会稳定风险情境中的基层一线维稳干部个体。选择这一研究对象是基于以下两方面的考虑。

第一,基层干部的个体行为不是孤立发生的,是在现实的风险情境中作出的回应行为,与制度环境和风险情境紧密相连,因此,需要选择具有典型性的高社会稳定风险情境,探索和分析基层干部在这一情境中的行为。

第二,街道、乡镇层级的一线干部具有特殊性。一方面,压力型维稳体制注重基层实战,街道、乡镇的基层干部是压力型维稳体制最末端的关键执行者,是维稳压力最大的干部层级。同时,街道、乡镇的基层干部也处于国家与社会相连接的交接处,直接面对社会风险和社会矛盾,相对于更高层级的干部,基层干部感知到的社会稳定风险是最直接,也是最生动的。

1.3.3 研究方法

根据研究问题与研究对象的需要,选择 E 市"城市综合治理"专项行动中的疏解区域性专业市场这一任务作为社会稳定风险情境。疏解区域性专业市场涉及多方利益相关者,是基层维稳工作的重难点,也是典型的高社会稳定风险情境,符合本研究的需要。在这一风险情境下,采取混合研究策略,遵循先归纳后演绎的逻辑顺序,采用定性与定量研究相结合的混合研究方法,对基层干部社会稳定风险应对行为的影响因素和过程机制进行研究。首先,在文献回顾与梳理的基础上提出初步的理论分析框架和理论命题。然后,在初步理论分析框架的基础上,深入田野进行探索性的案例研究,通过对于E市F区H街道发生的M鞋城疏解、J商城疏解等典型案例的过程追踪、比较分析,探索制度要素与认知要素对基层干部社会稳定风险应对行为的影响机制,修正并完善理论分析框架。最后,基于修正的理论分析框架,采用定量分析方法,以心理测量和被试内实验设计的思路来设计调查问卷,对理论分析框架进行验证性研究。总的来说,实证研究部分共分为两个阶段,各阶段的主要研究方法如下。

1. 探索性案例研究

第一阶段的研究以探索性案例研究为主,采用纵向的案例过程追踪与横向的案例比较相结合的研究策略。首先,采用过程追踪的方法,对H街道M鞋城疏解的过程细节进行再现与深描,将基层干部个体的微观认知与行为嵌入制度环境之中,还原案例情境中基层干部采取社会稳定风险应对行为背后的行为动机和逻辑,归纳认知因素与制度因素对于基层干部行为影响的因果机制。然后,采用比较案例研究的方法,选择最大相似案例(most similar case),对同一基层干部在相似市场疏解情境中行为的差异性进行比较,验证其背后的关键因素,特别是关键制度变量的影响。具体来说,通过对H街道同一届党政领导班子在M鞋城与J商城两个相似案例情境中行为策略的对比,验证两个案例情境中制度变量的差异对于基层干部行为策略的影响。

2. 验证性定量研究

第二阶段的研究以定量分析为主,采用问卷调查的方式,在探索性案例研究对理论建构的基础上进行演绎,验证理论分析框架,并对各变量间的关系作出更精确的解释。首先,借鉴风险感知研究对于个体感知变量的测量,结合基层干部所处的社会稳定风险情境的具体风险特征,以及行为公共管理研究中官员个体认知心理的具体特征来进行感知测量量表的设计,测量基层干部在"城市综合治理"专项行动这一风险情境下的感知水平。然后,基于E市H街道市场疏解的真实案例,借鉴被试内实验设计的思想来设计情景模拟问卷,用来比较同一基层干部个体受到不同水平制度变量影响之后的行为变化。问卷经过多轮修改和预调研,在正式调研中采用现场集中填答的方式,共发放纸质问卷 410 份,回收问卷 375 份,经筛选后,最终获得有效问卷 300 份。由于进行了模拟情景的设计,每名被调查者在 4 个模拟情景中接受了 4 次重复测量,也就是获取了 1200 个观测值,数据形式为重复测量数据(repeated measures data),具有分层嵌套的结构特点。根据数据特征,采用分层线性模型(hierarchical linear models,HLM)来进行模型估计,以解决重复测量数据违反普通线性回归方差齐性和独立的经典假设条件的问题,检验本研究的理论分析框架。

1.4 研究思路与篇章结构

图 1.1 展示了研究的整体路线。按照"问题提出—理论建构—假设验证"的研究思路进行设计。第一,基于社会稳定风险领域中"灰犀牛"现象的现实困惑,发现制度视角的理论对于基层干部消极应对行为的解释力不足,而微观层面的风险感知研究也存在"风险感知悖论",据此提出研究问题,探索风险感知与制度压力对基层干部社会稳定风险应对行为的影响机制。第二,通过对认知视角与制度视角下政府官员行为研究的综述,归纳已有研究对于研究问题可能的解释,并发现其中存在的理论对话空间,从而初步构建理论框架。基于初步理论框架,进行探索性的案例研究,通过过程追踪以及比较案例研究,对案例进行还原和深描,修正并完善理论分析框架,最终构建出基层干部社会稳定风险应对行为的认知—制度分析框架。这一理论建构的过程遵循的是归纳的逻辑。第三,为了对理论分析框架进行验证,根据 E 市"城市综合治理"专项行动的真实案例情境,以感知测量和被试内实验设计的思路设计调查问卷,并向 E 市街道、乡镇基层干部发放问卷,收集了真实一线基层官员的重复测量数据,利用 HLM 模型对理论分析框架进行了实证检验。在实证检验的基础上进行总结,并进一步讨论"灰犀牛"现象的根源,阐释本研究的政策启示。这一假设验证过程遵循的是演绎的逻辑。

全书共分为七章,篇章结构如图 1.2 所示。第 1 章绪论,从实践困惑和理论争议出发提出了研究问题,并介绍了研究思路和脉络。第 2 章文献综述,从认知视角和制度视角分别对已有研究中政府官员行为的影响因素及影响机制进行了梳理和回顾,提供本研究的文献基础并寻找理论对话空间。第 3 章基于基层干部面临的社会稳定风险情境,综合认知视角和制度视角的

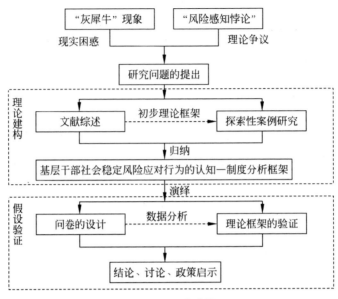

图 1.1 研究路线

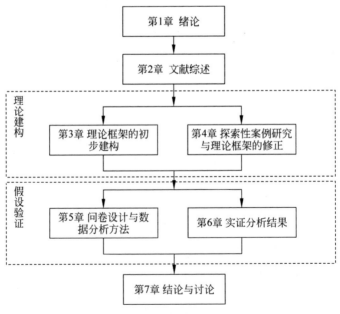

图 1.2 篇章结构

研究成果,初步构建了基层干部社会稳定风险应对行为的认知—制度分析框架。第 4 章基于初步构建的分析框架开展田野调查,在 E 市"城市综合治理"专项行动这一真实的高社会稳定风险情境中探索基层干部应对社会稳定风险的行为策略,以及其背后的影响因素和行为逻辑,并基于探索性案例研究的发现对理论分析框架进行修正和完善。为了验证分析框架,设计了调查问卷,第 5 章介绍了问卷设计的思路和流程、变量操作化的方法、问卷发放与收集的过程,以及数据分析方法的选择。第 6 章对问卷调查收集的数据进行了信度、效度检验,描述性统计分析,方差分析,以及 HLM 估计和检验研究假设。第 7 章为研究总结和延伸讨论,基于研究结论提出了政策建议,并对本研究的贡献和局限性进行了讨论,展望了未来进一步研究的方向。

第 2 章 文献综述

要研究基层干部的社会稳定风险应对行为,从根本上来说,要回答的问题是,政府官员行为受什么因素影响?政府官员的行为构成了国家运行的微观基础,是决定改革发展的成果和产出的关键所在(Oi,1992),也是认识中国转型过程的一个重要视角。因此,对于政府及官员行为的研究是探讨政府运行机制与治理模式无法忽视的领域。近年来,对于基层政府的实证研究大量涌现,近距离观察基层政府的日常运作与实际行为,特别是关注到了基层政府政策执行过程中的变通、共谋等行为策略(周飞舟,2012;艾云,2011;何艳玲,2007;周雪光,2008),这些研究从政府行为的不同领域出发为研究基层干部行为积累了大量的经验观察素材。

总的来看,已有对于政府行为的研究分为宏观和微观两个层次。微观层次的研究对象是作为个体的政府官员,将个体的非理性特征纳入分析,强调官员的认知心理因素对其行为的影响;宏观层次的研究对象是作为整体的地方政府,这方面的研究多关注地方政府行为策略的多重制度逻辑,强调制度环境因素对政府行为的影响。事实上,作为个体的官员在心理与制度张力的共同作用下(景怀斌,2011),其行为具有复杂性,往往是人、制度、情境共同作用和互动的结果,表现出人与制度的双重效应。本研究所关注的基层干部社会稳定风险应对行为既是干部个体基于对社会风险的感知所作出的应对行为选择,也是一种在制度驱动与制度压力下的行动逻辑,包含着认知与制度的多重层次。因此,本章将从认知视角与制度视角出发分别对已有研究中政府官员行为的影响因素和影响机制进行系统梳理,力求探寻这一浩瀚研究领域的理论脉络,为本研究的开展提供理论基础,并探索理论对话的空间。

2.1 认知视角下的政府官员行为

2.1.1 行为公共管理学的新进路

对于"行为"的关注,是公共管理学与心理学互通的基础(张书维,

2018)。要真正地理解政府官员的行为,必须对行为的认知基础进行研究,探索公共管理的认知基础(马骏,2012)。早在1947年,赫伯特·西蒙在其代表作《管理行为》中,就开创性地提出了"有限理性"的概念,以更加接近现实的"管理人"假设取代古典公共管理研究中的"理性人"假设,他认为个体认知能力具有局限性,个体的选择是在"给定条件"限定范围内的一种适应性行为(斯科特、戴维斯,2011;Simon,1947)。此后,西蒙的研究工作一直致力于将心理学运用到公共管理领域,但长久以来,公共管理学科的研究普遍缺乏对个体行为认知过程的关注,直到近年来,作为心理学与公共管理学的新兴交叉学科——行为公共管理学(Behavioral Public Administration)——才开始发轫。对于这一学科的界定,张书维与李纾(2018)认为,行为公共管理学旨在吸收心理学有关个体心理与行为的研究进展,通过微观视角来分析公共管理问题。

对于行为公共管理学的研究内容,张书维与李纾(2018)将其总结为"政府行为—公民体验"的双轮模型,一轮是政府的公共服务与行为输出,另一轮是公民认知与情绪体验。李晓倩(2018)在此基础上对1978—2016年的相关文献进行分析归纳,将政府行为方面的研究进一步梳理为政府主体行为和对象行为两个层面。如图2.1所示,已有的行为公共管理研究对于政府主体行为中有关个体行为的研究主要针对政府内部的管理人员及一般干部,与本研究的研究对象比较契合。对于个体行为的解释,目前的研究多集中于以下三个要素。

1. 公共服务动机(public service motivation)

这一概念关注的是个体为公共利益而行动的内在心理驱动力(Rainey & Steinbauer,1999;Kim & Vandenabeele,2010)。动机与价值、信念等概念的区别是,动机一般会指向明确行为(张书维、李纾,2018)。而公共服务动机与传统动机理论的不同点是,公共服务动机以公共部门为背景,针对公共部门人员的行为进行解释,一些研究发现公共服务动机可以提升个人和组织的绩效(Zhu & Wu,2016;Bellé,2015;陈振明、林亚清,2016)。

2. 工作要求(job demands)与工作资源(job resources)

工作要求指的是需要个体持续付出努力、影响工作人员绩效和付出的工作因素,如时间压力、工作任务目标的明确性、工作任务的重要性等(Anderson & Stritch,2015)。工作资源指的是有助于降低实现工作目标

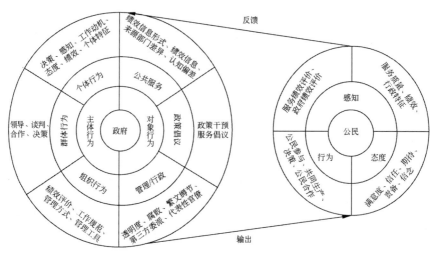

图 2.1 行为公共管理学的研究内容
资料来源:李晓倩,2018。

所需成本的资源因素,如领导支持、政治庇护、报酬是否公开等(张书维、李纾,2018;Bellé & Cantarelli,2015;Hu et al.,2016)。与工作特征相关的这些工作要求与工作资源要素是个体行为研究中被广泛讨论的主题。

3. 个体感知(perception)

感知指的是个体对于外界事物的认知,是外界环境作用于大脑后产生的心理学意义上的活动(李晓倩,2018)。在关于政府中个体行为的研究中,一些研究讨论了个体的感知如何影响其行为,如公共部门工作人员的伦理感知、声誉感知、社会影响感知如何影响其工作绩效、决策行为(Wittmer,1992;Royer et al.,2003;Bellé,2014)。个体的感知也是个体行为决策的认知阶段,此时表征问题的首要影响因素就是威胁感知(threat perception)(张书维、李纾,2018)。

行为公共管理学对于个体动机、态度、感知的关注,为研究政府官员个体行为开辟了微观的进路。目前的行为公共管理研究虽然取得了很大的进展,但仍具有一些局限性。首先,在研究方法上,行为公共管理多采用实验法,认为操纵和干预自变量,并对被试进行随机分组,大大提高了内部效度。但由于招募的被试大多并不是真实情境中的行为人,实验法的外部效度受到质疑,Bhanot 与 Linos 于 2020 年在 *Public Administration Review* 上发表的文章指出,大量的干预措施并未能以显著的方式改变行为,也就是说行为公共管理研究的结论在大规模测试中未能复现相同的结果,外部效度不足。其次,行为公共管理不能仅仅停留在对个体微观认知偏见的洞察中,未来需要拓展到更多的领域,特别是加深宏观层面对于制度和政策的理解。在具体的行为领域方面,行为公共管理的研究也需要与领域特征更紧密地结合。对于政府官员的风险应对行为而言,微观领域最重要的个体因素是个体的风险感知,而风险研究虽然与行为公共管理共享着个体认知心理的微观视角,却是目前行为公共管理较少涉及的领域。因此,以下将对风险视域下的个体感知和应对行为研究进行梳理。

2.1.2 风险视域下的个体感知与应对行为

从心理学的认知路径出发,风险研究领域尝试在风险、危机、灾害的背景下研究公众面对风险时采取应对行为的影响因素,一些研究将风险感知等个体感知因素作为个体采取行动的最重要解释变量,将行为意向(intention)作为被解释变量,试图描述从感知到行为意向的心理过程(Becker, 1974; Rogers, 1975; Ajzen, 1991; Lindell & Perry, 1992; Bandura, 1997)。目前应用较多的有健康信念模型、保护动机理论以及防护行为决策模型。

1. 健康信念模型(The Health Belief Model,HBM)

自20世纪50年代起,健康信念模型便成为健康风险行为领域使用最广泛的概念框架之一,既可以从社会心理路径上解释并预测人们为应对疾病风险采取的健康行为,又可以作为健康行为干预措施的指导框架(Skinner et al.,2008)。健康信念模型描述的是风险与不确定性条件下的应对行为,认为行为是可以根据个体对外部风险的评估以及对特定行为的期望来进行预测的,个体避免疾病或获得康复的动机以及对特定健康行为能够预防或改善疾病的信念,将有助于促使其采取健康风险应对行为(Becker et al.,1977)。

如图2.2所示,构成健康信念模型的主要因素包括:(1)个体感知到的疾病对健康构成的风险和威胁,包括易感性感知(perceived susceptibility)和严重性感知(perceived severity),前者指个体感知到的疾病发生的可能性,后者指个体感知到的疾病造成人身伤害和干扰社会秩序的潜力;(2)对采取行动可能性的评估,包括对某种特定行为在减少健康威胁方面的功效或价值的信念,即收益感知(perceived benefits),以及个体对采取特定行动所需要的身体、心理、经济或其他成本的估计,即障碍感知(perceived barriers),当个体评估认为采取应对行为的收益大于障碍时,行动才具有可能性(Becker,1974)。

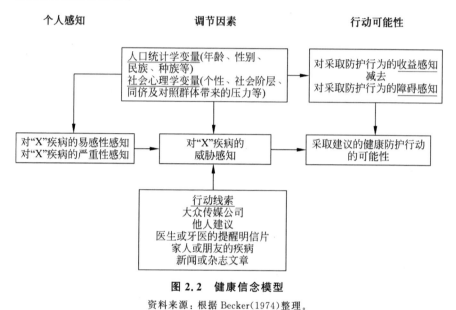

图 2.2　健康信念模型

资料来源:根据 Becker(1974)整理。

另外,健康信念模型还假定必须采取相关的刺激或者"行动线索"才能触发相应的健康风险应对行为,这种刺激可能来自内部,比如疾病症状或身体状态,也可能来自外部,比如他人的建议或来自媒介的风险沟通。人口统计学变量与社会心理学变量也可能影响健康感知与应对行为动机,但对于个体的风险应对行为意向不具有直接的因果关系。总的来看,健康信念模型认为,面对健康威胁和风险,个体在采取相应行动前经历了对风险感知和对行动评估的心理过程,并在外部线索的刺激下采取风险应对行为。

2. 保护动机理论(Protection Motivation Theory,PMT)

保护动机理论由 Rogers 于 1975 年提出,相对于健康信念模型,保护动机理论提供了一个更为广泛采用的描述与风险、与威胁相关的决策行为的心理模型,常被用于健康风险与自然灾害风险领域,使研究者能够评估风险感知、经验、应对策略,甚至外部公共政策的相对重要性(王芸等,2009)。

如图 2.3 所示,保护动机模型认为保护动机是个体采取保护性反应行为的决定性因素,而保护动机产生的核心是个体的威胁评估(threat appraisal)和应对评估(coping appraisal)过程。威胁评估包括可能性感知、后果感知以及恐惧,评估过程依赖于个体对外部风险发生概率与威胁的感知,而恐惧情绪可能通过影响个体对风险的评估而发挥间接作用。应对评估是个体评估自身应对风险的能力以及应对成本的认知过程。应对评估与威胁评估不是同时发生的,只有达到威胁评估的特定阈值时,个体才会启动应对评估过程。应对评估包括个体感知到的执行风险应对行为的能力(自我效能感知)、个体感知到的采取保护反应的功效(反应效能感知),以及个体感知到的采取应对行为所需的金钱、时间、精力等成本(保护性反应成本)(Reynaud et al., 2013)。在保护动机理论中,威胁评估与应对评估的结合使个体产生动机来防范特定风险。与健康信念模型相比,在采取风险应对行为的收益感知方面,保护动机理论做了进一步细化,区分了对采取行动取得功效的期望与对自我能力的信念。

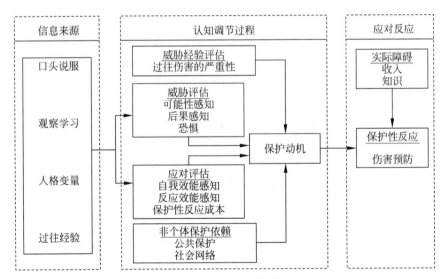

图 2.3　保护动机理论模型

资料来源:根据 Reynaud et al.(2013)整理。

3. 防护行为决策模型(The Protective Action Decision Model,PADM)

防护行为决策模型是一个多阶段模型,建立在人们对环境灾害和灾难风险的研究成果之上,是近年来应用较广的分析个体风险应对行为的理论框架(Lindell & Perry,2012)。防护行为决策模型将来自社会和环境的信息与来自社交资源渠道的风险沟通信息进行了整合,将外部输入的信息在个体内部的认知加工过程作为理解个体风险应对行为的最关键因素。

如图 2.4 所示,在第一阶段,风险应对行为始于环境提示、社交提示和警告,这些信息源通过一些渠道传递给接收者,其产生的影响取决于接收者的特征,而接收者的特征包括身体、心理和认知水平,以及经济和社会资源。

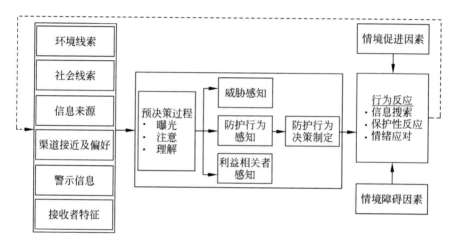

图 2.4 防护行为决策模型

资料来源:根据 Lindell 与 Perry(2004)整理。

在第二阶段,环境提示、社交提示和社会传播的警告信息使个体启动预决策过程,对警告或曝光的信息进行接收、关注和理解,进而引发了个体对环境威胁、防护行为和利益相关者的感知,它们构成了决定如何应对风险的基础。威胁感知(threat perception)是个体感知到的风险的严重性和可能性。防护行为感知(protective action perception)是个体对于采取风险应对行为的收益和成本的感知,包括效能相关属性(efficacy-related attributes)感知,即对采取应对行为的收益性和效用性的感知,以及资源相关属性(resource-related attributes)感知,即对采取应对行为所需的资源和成本的感知。利益相关者感知是指对相关利益主体特征的感知,包括信息来源主体的专业度、可信度等(Wang et al.,2016)。

在第三阶段,三种核心的个体感知因素与情境促进因素和情境障碍因素相结合,促使个体产生行为反应,这些反应可以被表征为信息搜索、保护性反应(针对风险的应对)、针对情绪的应对等。在每一个阶段中,当存在不确定性时,个体就会进行信息搜寻,解决不确定性后继续进行到下一阶段(Lindell & Perry,2000,2004,2012)。

表2.1总结了三种常见模型中个体行为意向的影响因素。总的来说,不同的模型在描述从感知到行为的过程中提出了不同的关键感知因素,但他们的共同点是都认为,对于风险的感知以及对于采取应对行为的收益和成本的感知决定了个体的行为意向。

表 2.1 三种常见个体风险应对行为意向模型对比

模 型	行为意向的影响因素	参 考 文 献
健康信念模型(HBM)	易感性感知、严重性感知、收益感知、障碍感知	Becker,1974;Wang et al.,2016
保护动机理论(PMT)	威胁评估(可能性感知、后果感知、恐惧);应对评估(自我效能感知、反应效能感知、保护性反应成本)	Reynaud et al.,2013;王芸等,2009
防护行为决策模型(PADM)	风险感知(可能性、严重性);防护行为感知(效能相关属性、资源相关属性);利益相关者感知	Lindell & Perry,2000,2004,2012;Bandura,1997

资料来源:笔者自制。

在对于外部风险的感知方面,健康信念模型关注健康风险的易感性感知和严重性感知,保护动机理论对威胁进行评估,防护行为决策模型关注个体对风险的频繁性与严重性的感知。在对采取应对行为的收益感知方面,健康信念模型中的收益感知指的是个体对采取风险应对行为的功效和价值的期望(Bandura,1997),保护动机理论中的应对评估受到反应效能、自我效能的影响,防护行为决策模型中的效能相关属性感知则进一步涵盖了对其他方面收益的感知,描述了一套更加详细的影响个体采取风险应对策略的信念(Belief)。在对采取应对行为的成本感知方面,健康信念模型关注实施行动的障碍感知,保护动机理论评估采取行动的反应成本,防护行为决策模型中资源相关属性感知的概念也描述了对采取风险应对行为所需的资源的感知。

2.1.3 文献评述

总的来看,认知视角下对于行为的研究都关照到了个体态度与行为的微观视角,不将个体作为制度下的理性工具人来看待,充分考虑了个体认知心理的差异性,是对传统公共管理学研究的有益补充。本质上,认知视角是对理性行动人假设的一种修正,强调"主观性"和表征(钟开斌,2007),认为人的行为是基于不完全信息形成的有限理性的结果(Simon,1947)。换言之,在外部环境与人的行为之间存在认知过程的"黑箱"(Taylor,1999),认知视角就是致力于解释外部制度环境与人的最终行为输出之间的内部心理过程和动机。在实践上,心理学与公共管理的结合与交叉也在发挥越来越大的现实影响,帮助各级政府和组织制定与实施公共政策,有利于增强公共管理的自主性与开放性(李潇潇,2015)。

当然,认知视角对于政府官员行为的解读也不可避免地带有明显的局限性。第一,认知视角聚焦于个体的内部心理过程,对于制度、组织、文化背景的考量较为不足。近年来兴起的行为公共管理学致力于将公共管理与心理学整合应用,但目前的研究仍然多聚焦于个体微观层面的态度、情绪、感知等因素。第二,公共管理学科对于风险感知研究的关注不足。虽然行为公共管理学关注到了个体动机、态度、感知等内在心理过程,但政府官员的行为不仅出于对外部制度环境的回应以及内部的个体动机,也出于对外部因素比如风险的感知和回应。目前风险研究的研究对象和领域多集中于公众对自然灾害风险的感知和应对行为(张海燕等,2010;周忻等,2012),对于社会风险领域官员的风险感知和回应行为缺乏考察,公共管理学科也较少将这一领域纳入研究视野。对于研究者来说,由于数据可得性与资料搜集难度等原因,研究公众的风险感知较研究官员的风险感知更为容易。诚然,对于直接关系群众切身利益且涉及面广、容易引发社会稳定问题的重大决策,理解公众的风险感知是将公众的偏好与诉求纳入政府风险管理的重要过程,但是对于参与决策的群体本身的研究也不应被忽略。相较于公众,重大决策的制定与实施在更大程度上取决于官员群体这一方的因素,参与决策的官员的风险感知与研判对重大决策的影响力更大,也更为直接。另外,相较于自然风险,社会风险具有更高的复杂性和不确定性,其影响因素可能更加广泛和多变,也需要进一步去探索。

2.2 制度视角下的政府官员行为

每个人都生活在一定的制度中(科斯,2003),人所处的制度环境是法律制度、文化期待、社会规范、观念制度等被人们广泛接受的社会事实的复杂混合体(周雪光,2003),这构成了人们行为的选择方式和达成目标路径的最重要环境背景(诺斯,2003)。Douglas(1986)认为,制度通过赋予人们身份、储存群体记忆、对事物加以分类三种机制来塑造人们的思维方式和行为习惯。制度主义视角下政府官员行为的研究正是以这种制度环境对人的影响作为研究的预设和起点。政府官员作为个体,也生存在制度之中,其行为虽然具有一定的自主性,但其行为的框架是由制度所框定的(景怀斌,2011),从根本上来说不能与制度相冲突,只是在制度框架之下采取行动。特别是政府官员的日常行为,大部分是针对常规事务采取的惯常程序,是根据制度安排和规定而产生的输出(Stern,1999)。

近几十年国家治理体系与治理能力现代化的进程同时也是一个不断加强和完善制度建设的过程。这一过程大致遵循着两条线索:一是通过制度的变革和演进为政府官员的行为提供动力机制,以提高政府效能;二是通过增进行政体系的理性化程度来加强对政府行为的约束和控制,以规范政府权力。已有研究对于影响政府官员行为的制度因素与机制的探讨也沿袭着这两种解释路径:一是以交换为核心的激励机制,主要从正向的财政、晋升激励以及负向的问责制度来探讨其对于政府官员行为的影响;二是以权威为核心的压力机制,主要从行政体系理性化带来的控制以及中国的压力型体制出发来讨论政府官员在这一制度约束下的行为策略。

2.2.1 激励机制

激励机制常用于对地方政府行为,特别是促进经济增长行为的解释,这是地方政府官员行为的动力因素。已有研究对于地方政府面临的制度激励主要有两种解释路径:一是正向激励,分别从经济上的财政分权和政治上的"晋升锦标赛"来解释官员采取促进经济增长行为的动力;二是负向激励,从问责制度出发来解释制度因素对于官员行为的负向激励机制。

1. 正向激励:财政分权与"晋升锦标赛"

中国几十年间的改革和转型吸引了海内外诸多学者探究中国经济发展取得成功的关键制度性因素,其中,财政分权为地方政府官员追逐经济增长提供的强劲动力成为学者们关注的焦点,地方政府在财政分权这一激励性制度安排下的角色和行为成为理解"中国奇迹"的切入点之一。20世纪80年代开始,财税体制借鉴农村"包干制"改革的经验推行财政承包制。这一改革举措事实上是一种分权改革,将央地间财政分享的规则由地方政府完成定额后上缴超额转变为财政分享制度,这种分享使得财政承包中的预算外资金可以百分之百留存在地方,从而使得地方政府可以与中央政府共享地方经济增长带来的财政收益(Oi,1992),为地方政府官员追求增长的行为提供了强激励。Montinola、钱颖一与Weingast(1995)形象地描述了中国财政分权改革之下的政治经济体系,认为财政分权是中国市场化改革的重要组成部分,促使了地方政府行为的转变。钱颖一等学者进一步从以下三个方面详细论证了财政分权带给地方政府行为的积极影响和作用:第一,分权为地方政府创造了强有力的逐利动机,使其以财政收益最大化作为政府行为的指挥棒,从而积极参与到有利于促进经济增长、增加财政盈余的活动中,并表现出"厂商化""公司化"的特征,通过介入企业管理、提供融资服务与行政服务全面介入经济发展的过程(Oi,1995;Oi,1999;Walder,1995;Qian & Weingast,1997)。第二,财政分权使得地方政府放松管制,推进地方经济活动的市场化,以竞争税基和资本,而这种竞争有助于硬化地方政府的预算约束(Qian & Roland,1998;Cao et al.,1999)。第三,财政分权赋予了地方政府更高的自主性,一定程度上改变了央地关系,使地方政府具备了与中央讨价还价的能力(Zheng,2007;刘银喜,2008)。同时,大量经济学实证研究验证了财政分权与地方经济增长之间的正相关关系(Wong,1993;Lin & Liu,2000)。财政分权这一思路强调,经济激励促使地方政府自主性逻辑的增强,成为追求地方税收最大化的"剩余索取者",从而为地方政府行为提供动力机制。

但是,很多研究质疑财政分权这种经济激励对地方政府追求经济增长行为的解释力,认为这不是全部的真相。一方面的疑问是:财政分权带来的经济激励是否具有稳定性?1994年分税制改革后,中央财政占国家财政收入的比重提升,尽管没有改变分权的实质,但增强了中央的调控能力,中央政府可以调配资源并运用转移支付这一工具,来对地方政府行为进行纠正或引导(诺顿,2009),此时经济激励起作用的效果令人怀疑。陈抗等(2002)对分税制改革前后地方政府行为变化的实证研究表明,1994年后财政分权的程度降低,导致地方政府对待经济的行为发生了改变,从"援助之手"转向"攫取之手"。周飞舟(2006、2010)的研究也证实了税制的改变对地方政府行为的负面引导性,分税制改革后,由于增值税对地方财政的贡献日益减少,地方政府对乡镇企业的扶持动力也随之消失,而由于营业税对地方财政的贡献增加,地方政府日渐依赖土地财政。这些质疑虽然一定程度上动摇了财政分权对地方政府追求经济增长行为的激励作用,却没有改变一个基本的机制,即地方政府行为会随着激励机制的改变而发生改变,只是在各个时期的行为表现方式有所不同,不仅会导向积极的行为,也可能会导向负面的行为。但是,从这些质疑中我们仍然可以思考一个问题,如果将财政分权看作一种激励,那么这种激励是否具有稳定性呢?分税制改革前后的改变表明,财政分权发生过重大变动,并不具有很强的稳定性,甚至在很长一段时间内处于央地间的互相博弈之中(王贤彬、徐现祥,2009),这无疑会影响激励的有效性。

另一方面的疑问是:财政分权这一激励机制是否单独起作用,有没有其他因素共同影响激励的有效性?换言之,财政分权产生激励作用可能是有条件的。Blanchard与Shleifer(2000)对中国与俄罗斯的比较研究发现,尽管同样实施了财政分权,但俄罗斯中央政府对于地方的控制力较弱,俄罗斯地方政府并未如中国地方政府一般有动力采取谋求经济增长的行为。这说明中国成功的关键很可能不是财政分权,而是其他更重要的因素在起作用,或是与财政分权共同起作用,激励地方政府的行为。与此逻辑相似的批评是,财政分权研究的分析对象在很大程度上仍然是作为整体的地方政府,而非官员个人,对整体的激励不等同于对个人的激励(周黎安,2008),因此尚不足以解释官员的个体行为,没有完全揭开政府运作的"黑箱"。也就是说,财政分权理论并没有回答,为什么地方官员一定要采取促进市场化的行为(Bewley,1981)。这些质疑都从激励的稳定性和有效性方面暗示着,可能存在其他对地方政府官员的行为具有激励作用的因素。

对此,"晋升锦标赛"理论从政治激励方面进行了解释。周黎安(2004)认为,地方政府官员具有"经济参与人"和"政治参与人"的双重特征,过去大量对于财政分权的研究只关注了地方政府的经济动机,而没有关注官员的晋升与地方经济发展的绩效挂钩,而这种晋升博弈可以解释地方官员的地方保护主义与重复建设行为。进一步地,周黎安(2007)将这种行政治理模式定义为"晋升锦标赛",指的是上级政府以国内生产总值(GDP)增长率或其他可度量的指标为竞赛标准来考量下级的晋升(Li & Zhou,2005)。"晋升锦标赛"作为一种激励机制的核心是将作为"政治参与人"的官员的仕途升迁与反映中央需求的本地经济增长相联系,从而在很大程度上解决了中央政府对下级政府的信息不对称、监督激励依次递减的问题。作为一种强激励机制的"晋升锦标赛"鼓励和引导了地方官员持续推动地区经济增长的热情,解释了为什么财政分权一直处于变动之中而地方政府推动经济发展的激励却没有改变。同时,"晋升锦标赛"也使得地方的一些违规行为——如唯 GDP 主义、大搞政绩工程、经济数字造假——在晋升的指挥棒下从激励扭曲的层面有了相对合理的解释。

但是,"晋升锦标赛"理论有着将官员晋升与经济增长问题过于简单化的倾向,批评的声音不绝于耳。第一,"晋升锦标赛"理论将假定所有官员都具有晋升的愿望和动机作为前提条件,但没有考虑到现实中作为个体的官员具有复杂性,并不全都具有谋求升迁的动机。Cai 与 Treisman(2005)对于地方政府竞争的研究就发现,资源禀赋较差的弱势地区的官员可能会抱着"破罐子破摔"的心态放弃竞争,甚至成为掠夺者。此时晋升对其行为并不能起到激励作用。第二,"晋升锦标赛"理论假定官员晋升以经济绩效为主要竞赛依据和标准,而大量现实政治生态中的经验观察表明官员晋升的影响因素非常复杂。很多实证研究表明,地方的经济指标与官员晋升之间并不存在显著的正向关系(陶然等,2010),政治背景、关系网络在晋升中起到更显著的作用,或至少与经济绩效共同发挥作用(Opper & Brehm, 2007;Shih et al.,2012;梅赐琪、翟晓祯,2018)。亦有研究表明,近年来对官员考核的标准正在日益多元化,政治忠诚、辖区民意、政策创新等指标正在成为官员晋升的依据(刘剑雄,2008;Mei & Wang,2017)。并且,不同政府层级的晋升标准可能是存在差别的,陶然等(2009)对中国十几个省、自治区的实地调查表明,至少在省一级不存在将 GDP 等经济指标与官员提拔升迁联系起来的正式考核机制。第三,"晋升锦标赛"将地方政府的主要官员(即行政首长或"一把手")作为研究对象,相对忽略了对大量基层普通官员激励因素的分析(陈潭、刘兴云,2011),因而在分析对象和分析层次上都具有局限性。

通过以上梳理可以看出,单一的财政分权或"晋升锦标赛"理论对于政府官员行为激励机制的分析都不够有效,具有各自的局限性,因此,近来的研究也越来越注重将两方面因素综合起来,在同一个框架内综合考察地方官员行为的影响因素。例如,周黎安(2008)将属地化行政发包、政治锦标赛、地方分权和财政分成四项制度安排,共同归纳为地方官员发展本地经济行为的激励机制。傅勇(2008)发现政治激励与财政激励共同导致了地方增长型政府财政支出结构的扭曲。王贤彬和徐现祥(2009)也将政治激励和财政分权置与同一个分析框架内,考察官员的基础设施投资偏好等经济行为。总之,与其说正向的经济激励和政治激励是对于地方政府官员行为的竞争性解释,不如说它们可以相互补充,并且都有着共同的局限性。第一,财政分权与"晋升锦标赛"所研究的官员行为主要是谋求经济增长的行为,大量文献也都集中在这一领域,试图通过经济激励与政治激励来回答是什么因素促进了经济增长的问题。而现实中,官员行为的领域广泛、内容多元,除经济领域的行为外,还有如社会保障、科技创新、环境保护、综治维稳等多样化的行为领域,不同领域的特点差异很大,财政分权与"晋升锦标赛"在这些广阔的行为领域是否还具有激励效果、在何种条件下可以发挥激励作用,都有待进一步的验证。第二,财政分权与"晋升锦标赛"的研究对象都着眼于宏观,针对的是作为整体的地方政府,或是作为地方政府首要负责人的主要行政长官,大量实证研究的分析对象也都是省级及以上级别较高的官员,对于支撑起国家治理大厦根基的基层普通干部的行为研究不足。而经济激励与政治激励对于基层官员是否会产生有效而稳定的影响,也是一个存疑的问题。这些局限性都说明,对于官员行为的探讨还远远不能仅仅用正向的经济与政治激励来解释,需要考虑更为复杂的因素与更为具体的情境。

2. 负向激励:问责制度

无论是前文所述的财政分权还是"晋升锦标赛",都是制度对地方政府官员的正向激励。而地方官员的行为在制度主义视角下实际上是正向激励与负向激励共同促进的结果(杨宏山,2017),作为负向激励的问责制度在激励机制中也具有显著作用。在政治学中,行政责任是基于政治契约形成的概念,指的是国家行政机关及其行政人员在法律规范框架下履行和承担的义务(张创新、赵蕾,2005)。在此基础上,行政问责指的是对未履行行政责任的人员进行责任追究,行政组织及其人员有义务接受责任授权人的质询并承担相应处理结果(宋涛,2005;张创新、赵蕾,2005)。要保证政府有效并忠实地履行责任,既需要促进其履行责任的保障激励机制,也需要对其不履行责任进行问责的责任追究机制,以对不履行职能的行为起到威慑与追惩的作用(韩兆柱,2007)。作为负向激励的一种形式,问责制度本质上就是组织惩罚的表现形式,旨在对行政人员的错误动机和偏离越轨行为进行弱化或制止(倪星、王锐,2018)。

我国自2003年开始建立并逐渐完善行政问责制度,作为一种制度安排,这也是强化对行政权力的监督和制约、防止滥用权力的需要(唐铁汉,2007)。根据问责主体的不同,已有研究大多将中国的行政问责制度分为纵向问责和横向问责。纵向问责的主体是中央和上级党政系统,是行政系统内部的问责,其特点是以人事权为核心,是中央和上级政府用以干预地方政府行为的重要工具(郁建兴、高翔,2012)。纵向问责是目前中国行政问责的最主要形式(郁建兴、高翔,2012;杨宏山,2017;Mertha,2005;福山,2014)。横向问责的主体是本级地方人民代表大会,以及本级法院、检察院等司法系统,有研究表明近年来人民代表大会逐渐成为政治参与的重要力量,法治约束政府权力的作用也得到了加强,但毋庸讳言的是,现实中横向问责机制仍然很不健全,具有较大的局限性(Sun,2009;郁建兴、高翔,2012)。同时,也有研究将社会公众与媒体舆论监督等外部问责作为一种问责类型,认为这种形式的问责主要是通过自下而上的压力产生强大的非法律效应(张创新、赵蕾,2005)。对中国问责制度发展状况的一项实证研究发现,中国行政问责在类型上以纵向的等级问责为主,81%的问责发起者是上级党政部门,在内容上以公共卫生事件和事故灾难为主,在社会安全、决策失误、用人失察等方面的问责较少(宋涛,2008)。而在这些问责内容中,陈家喜(2018)发现,安全生产、综治维稳、环境保护等问责指标对于官员是强激励,属于"一票否决"的范畴;相较而言,政府债务、资源消耗、卫生健康等指标对于官员是弱激励。

那么,作为负向激励的问责制度是如何作用于官员行为的呢?第一,从事后纠错的角度来看,问责制度可以通过促使官员不断地反思和总结,提高其学习能力,使其及时对自身行为加以调试和改善(Aucoin,1998;Bovens,2007)。第二,从事前防范的角度来看,问责制度可以通过惩罚来形成震慑力,防范官员可能出现的偏差行为,并形成示范效应(倪星、王锐,2018)。第三,从个体决策的角度来看,问责制度通过决策前的外部输入对决策者施加影响,促使决策者将注意力集中于决策,避免决策失误,从而提高决策的效果(Payne et al.,1993;Lerner et al.,2003)。第四,从治理工具的角度来看,中央和上级政府可以运用问责的惩罚权作为工具来推动地方政府落实各项工作,此时问责制度起到了任务传导的效果,成为正向激励的负向替代措施。

但是,问责制度对官员行为的影响并不总是正面的。有研究发现,问责力度、强度与政府官员消极行为之间存在联系,这就引出了避责(blame avoidance)行为。避责是指政府各管理主体采取诸多策略规避由其职位带来的直接责任和潜在责任,以避免自身利益受到损失(倪星、王锐,2018)。这一概念有两个关键要点,第一,避责中"责"的界定范围不只包括法律法规定义的政府官员的直接责任,还包括由于官员的特殊位置而承受的潜在损失,如批评指责(倪星、王锐,2017;倪星、王锐,2018)。第二,避责行为是作为理性人的官员出于自我保护的考虑而采取的行为,其基本的行为逻辑是自我利益维护的逻辑(陶鹏,2016;Hood,2007)。避责概念的提出是基于世界范围内公共治理领域的经验观察:政府官员的行为特征正在由以往经济绩效导向的强有力的创新行为转向僵化甚至消极不作为,特别是基层治理实践中基层官员象征性遵从、选择性执行、规避组织创新等行为逐渐演化为无组织的集体行动,客观上会损害全面深化改革所需要的积极性和创造性(倪星、王锐,2018)。尽管问责力度、强度与政府官员避责行为之间的关系尚未完全厘清,但是一些研究发现,作为一种负向激励的问责制度的激励强度与政府官员避责行为之间存在联系。高强度的问责可能会导致官员为了维护自我利益、规避风险,而采取更为激烈的避责行为。在激励设计中,为了使制度有效,必须考虑激励与风险的平衡问题(周雪光,2003)。而当问责强度过大,超出官员预判的风险承受能力时,官员会产生消极情绪,过高地估计自己可能承担的责任风险,此时官员的行为目标就会发生置换,如何避免承担责任、使自身风险最小化会成为行为的首要目标,这也就是过度问责对官员行为产生的"消极主义偏差"(Hood,2002;薛文军、彭宗超,2014)。

总的来看,以财政分权和"晋升锦标赛"为代表的正向激励从官员行为动力的角度解释了官员行动的逻辑,而问责制度则从负向的威慑与追惩的角度对政府官员行为进行了负向激励,并弥补了正向激励无法解释的一些偏差行为,如官员避责的行为逻辑。这样,对于制度主义视角下官员行为激励机制的梳理就比较完整了,既有正向激励,又有负向激励,既有以财政分权为代表的经济激励,又有以"晋升锦标赛"和问责制度为代表的政治激励。经济激励给予地方自主性,解决官员的行为能力问题;政治激励给予地方积极性,解决官员的行为意愿问题。事实上,激励机制的核心是使得委托方与代理方两者之间的目标一致,解决委托方对代理方信息不对称的监管难题,通过激励来促使代理方努力(周雪光,2003)。在这一视角下,激励设计有效的前提条件是将官员预设为理性的政治行动者,通过衡量在现有政治系统内的成败得失来作出行动(陈志武,1986),因而委托方可以通过给予代理方物质或精神上的利益或惩处来引导其行为。但是,激励机制对官员行为的解释显然还不够全面:首先,官员作为个体也具有非理性因素,并不都是同质的,而制度主义视角的激励机制研究显然忽略了个体间的差异性。其次,激励机制对于制度环境因素的刻画也是片面的,现实中官员所面对的制度要素远远不只是激励因素,更重要的是处于科层体系之下的控制和约束因素,这构成了官员日常行为最重要的制度背景。因此,下文将从控制和约束官员行为的压力机制这一制度视角出发来梳理文献。

2.2.2 压力机制

与激发政府官员自主性和创造性动能的激励机制相比,更基础而广泛地存在于政府组织内部的制度因素是基于权威关系的压力机制。压力机制通过正式的程序规则以及政府组织运行过程中各级政府间行政压力的传递机制,对下级政府及官员进行约束和控制。这一基础性制度因素对官员行为的作用显然不可忽略,而中国的压力型体制则意味着基层政府官员面临更为复杂的制度安排。

1. 行政体系的理性化约束

与激励机制不同的是,行政体系通过正式的规则程序对官员的行为过程进行控制(宋琳、赖诗攀,2016),而非通过绩效表现。韦伯认为,理性的发展是西方文明的根本特征(斯科特、戴维斯,2011),他笔下的科层制(也称"官僚制")建立于按照约束规则统治的理法型权威之上,是对理想中理性化系统的总结。在韦伯的科层制理论中,相对稳定完整、有章可循的抽象规则体系是组织运转的依据,上级以正式规章制度来约束下级,同时下级服从的也不是上级,而是非人格的规则制度,这是下级独立行动的依据(Weber,1978),同时下级也可以根据规章制度来质疑上级,因为上级同样也要受到非人格规则体系的约束。因此,科层制稳定的组织结构和过程会引发官员相应的行为。Robson 等(1952)认为,科层制的组织结构给官员施加了持续的压力,来自规则制度"按章办事"的要求内化为官员的第二天性,塑造了官员的基本行为定式(周雪光,2012)。

在中国行政体系演化的漫长历史中,国家治理主要建立在科层制的常规机制之上(周雪光,2012)。中国历史上的科层制与韦伯的"理想类型"有着巨大的差别,这些差别决定了目前我国的行政体制改革仍以理性化、规范化为内核。中国历史上形成的科层制度虽然也包含着某些理性化的成分(董晓宇,1999),但并未建立起真正理性的非人格化的治理体系。相较于以规章制度为核心的韦伯式科层制,中国传统的行政体制是建立在家长制之上,以上下级之间的忠诚、庇护、人身依附为核心的向上负责制。在这一人治体系之下,一方面,对官员的约束依靠的是"道德"和"仁政",而不是规章制度,另一方面,官员的行为缺乏稳定而明确的规则约束和保护,官员的赏罚和升迁很大程度上依赖的是上级的主观判断(周雪光,2012)。因此,在这样的行政体制之下,官员的行为趋向于依附上级、强化私人关系,以获得庇护、降低风险。这样的历史传统和惯性深刻地影响了中国现代行政体系的运作。新中国成立以来,由于民主化与法治化建设的不完善,在政府实际的运作中仍常常呈现严重的人格化倾向(董晓宇,1999),带来行政组织运行的低效率和非理性。当西方国家发起"再造政府"的新公共管理运动,反思科层制的弊病之时,自20世纪80年代以来的中国行政改革却是在科层制发展不充分的前提下进行的(张康之,2001),在此背景下的改革,需要吸收科层制的精华,将组织运行的科学化、规范化、法治化作为改革目标,其核心就是走出中国千年以来的人治传统,培养理性精神(柳坤,2011)。因此,中国近几十年的行政改革过程就是一个行政体系不断走向理性化的过程,法治化、规范化、专业化是行政建设的核心议题(吕方,2013),旨在通过正式的制度建设规范和约束政府官员的行为。这使得规则为本、按章办事成为政府行政体系运作的基础(周雪光,2012),官员的行为很大程度上受到规章制度的约束和规范。宋琳和赖诗攀(2016)在对公共危机的常规和运动两种治理模式下官员行为的实证检验中发现,操作程序的明确程度与地方普通官员的日常危机管理和危机事件管理履职程度都呈正相关关系。也就是说,正式的规章程序是政府官员行为的基础性制度约束,这构成了官员在制度环境中行动的基本背景。

2. 压力型体制

对于压力型体制下科层组织的任务派发过程,周黎安(2008、2014)以行政发包制来描述,将行政发包制看作区别于韦伯意义上的科层制以及纯粹的外包制的一种混合形态,即在行政组织边界内部发包,在统一的权威之下嵌入发包的关系。行政发包制的核心内涵是行政事务层层发包、财政分成和预算包干、结果导向的考核与检查,这在行政权分配、经济激励和考核控制三个维度上与纯粹的科层制和外包制进行了区分,实质上概括出了中国各级政府间行政压力传递的政治承包关系。另外,需要关注的是,压力型体制虽然也以奖惩机制作为重要的要素,但是通过行政层级传递的指标压力很难直接对应于西方公共行政领域中强调过程和绩效的问责制度(吕方,2013)。

压力型体制生动地勾勒出中国科层组织任务过程的基本制度框架。压力型体制是利用科层制的组织结构来推行其所设定的目标任务,因此压力型体制以行政体系的理性化为前提条件。但是,压力型体制又不同于科层制,科层制之中的各级政府必须按照规章制度和组织程序进行运作,压力型体制中的下级政府特别是基层政府按照科层制的原则不可能完成压力型的目标任务(欧阳静,2009),因此,这导致基层政府对科层制进行转换,对权力运作策略进行创造,"目标责任制"便是其中一种手段。"目标责任制"以指标体系为核心,将当年目标进行细化分解,并与下级政府签订责任书,将压力层层传导,确保组织任务完成(王汉生、王一鸽,2009;赖诗攀,2015)。欧阳静(2009)对乡镇政府的观察发现,乡镇运用"工作组"这一非科层形式,将自身的文本职能置换为"目标责任制",将全镇所有职能具体化为几大任务,分别由各个工作组完成,而工作组打破了科层结构中机构和部门之间的界线以及行政编制之间的等级差别。此外,压力型维稳体制对于政府官员行为的影响还在于,多层压力之下的基层政府由于资源和权威的缺乏无法支撑起各类庞杂繁重的任务指标,容易引发基层政府及官员的非正式行为、策略主义行为,如虚报数字、共谋行为、各类"摆平术"、追求短期目标的政绩工程等(应星,2001;周雪光,2005、2008;欧阳静,2011),这些对于中国地方政府运作中偏差行为的研究,无不以压力型体制为制度背景和政治环境,刻画了多重压力对于基层政府及官员的挤压机制。

值得注意的是,虽然压力型体制带来的弊端引起了研究者的关注,但近年来地方政府在运行中并没有创造出一套新的工作机制,而是把在经济领域中应用有效的压力型体制照搬到其他问题领域,甚至加以强化,带有明显的"路径依赖"特征(杨雪冬,2012)。例如,在维护社会稳定这一"政治任务"中,采取的就是压力型维稳的特定责任实现机制。维护社会政治稳定是现代国家的核心职能和核心利益之一(唐皇凤,2012)。我国目前的维稳机制主要是一种压力维稳机制,与之相适应的压力型体制是其体制支撑。

学界普遍认为压力型维稳体制存在诸多困境和弊病,层层加压与责任追究之下,地方政府疲于应对,甚至不择手段不惜代价,维稳成本高昂,容易陷入"越维越不稳"的怪圈(于建嵘,2012;何增科,2014;林杭锋,2011)。当综治维稳指标成为影响地方官员的硬指标,刚性维稳手段的异化导致真正的社会稳定风险并没有得到真正防范和化解。为了完成维稳任务,各级地方政府在既定的压力型维稳体制下探索应对措施,分化出了多样的维稳行为策略。例如,压力型维稳导致的选择性执行,官员往往为了完成明确可量化的带有"一票否决"性质的硬指标,而相对忽视模糊、不易量化的"软指标"(冉冉,2013;O'Brien & Li,1999)。又如,基层政府在压力下生成各种策略性的摆平应对之道,往往采用政治而非法律手段,容易导致冲突升级

(应星,2001;刘能,2008;黄冬娅,2011)。袁倩(2015)选择抗争控制的主体、手段的强度、态度三个维度,构建起了中国维稳策略的初步分析框架。总的来看,压力型体制的运作有合理的一面,可以提高行政效率,保证中央的政令畅通,但是层层压力的传导对于官员行为的塑造会起到反作用,诱发偏差行为。

2.2.3 文献评述

制度主义视角关注地方政府官员行为的制度性背景因素,尝试回答制度是如何塑造官员行为的问题。正向的财政分权、"晋升锦标赛"与负向的问责制度共同构成了激励因素,为官员行为提供了动力机制;而行政体系理性化的发展以及压力型体制构成的压力因素则对官员行为进行了约束与规范。激励因素与压力因素共同解释了政府官员行为的制度性影响机制,为我们初步构建了官员行为的基础性制度环境图景。但是,制度主义视角的研究显然存在很大的局限性。

第一,无论是激励机制,还是压力机制,都只分析了官员行为的单一因素,难以勾勒出全貌。Saich(2002)将目前中国地方政府行为研究的混乱现状比喻为"盲人摸象",是对这种研究现状的生动注解。激励机制分析了政府官员行为的驱动型因素,且着重关注的是促进经济增长的行为,但对行政体系内部规则的约束和规范相对忽视。而压力机制注重分析各级政府行政压力的传递机制,着重关注的是经济发展与社会稳定领域,且对于驱动型因素分析不足。因此,进一步的研究需要根据不同领域和类别的行为来构建综合性的解释框架,综合考虑治理体系中稳定存在的多种制度要素。

第二,制度主义视角下政府行为的研究对象大多着眼于宏观,针对的是作为整体的地方政府,或是作为地方政府首要负责人的主要行政长官。但是,作为国家治理体系根基的大量基层普通干部的行为逻辑仍然没有被很好地解释。以激励机制为例,有研究认为,"晋升锦标赛"发挥作用的几个前提条件在普通干部的行为中并不具备,政治激励对于普通干部行为的影响是有限的,大多数干部的日常工作更多地受到政府内部过程的影响(宋琳、赖诗攀,2016;周雪光,2012)。因此,对于大量基层地方干部个体行为的研究是不足的。

第三,制度主义视角的研究大多隐含了一个预设的前提,即,将地方政府官员看作被制度所塑造的理性行动者,在不同制度环境、制度结构、资源禀赋下寻求利益的最大化,但没有考虑个体的非理性因素。这一预设实质上是将官员作为执行特定规则的工具,将有血有肉的个体抽象化,忽视了个体间的差异,特别是忽视了个体的内在心理活动过程(薛文军、彭宗超,2014)。而官员个体行为的影响因素是复杂多样的,制度环境因素与个体因素交织在一起,最终输出为行为,因此,忽视个体差异、将官员工具化的研究具有很大的局限性。

第四,从研究方法和资料收集方式上来看,收集制度主义视角研究的相关证据比较困难,对于关键官员的访谈资料通常不容易被研究者获取(钟开斌,2007),因此大多数研究停留在经验观察和现象描述上,也难以进行定量的实证检验,无法对变量间的关系作出更为精确的解释。

总体来看,制度主义视角最大的缺陷在于并没有合理地解释官员自身行为的影响因素,缺乏对微观视角的关照,而且每一种制度因素对于官员行为的分析只分析了单一的因素,很难勾勒出问题的全貌(郭广珍,2010)。

2.3　小结与评述

对认知视角与制度视角文献的综述可以发现,国内外学界对笔者所关注的问题已经有了一定的研究基础,为本研究提供了很好的文献支撑。已有研究主要有以下特点:

第一,认知视角下对于个体行为的研究打破了"理性行动人"的预设,将个体行为看作受个体态度、情绪、感知等内在因素影响的有限理性的行为输出,为研究官员行为提供了微观视角的新进路。特别是对于个体风险感知与风险应对行为之间关系的研究,已有研究在医疗健康领域与灾害风险领域已经取得了丰富的实证研究成果,虽然结论并不一致,但为本研究在认知路径上的探索提供了模型构建和数据验证方面的丰富经验。

第二,制度主义视角关注地方政府官员行为的制度性激励机制与压力机制,尝试回答制度是如何塑造官员行为的问题,为我们初步构建了官员行为的基础性制度环境图景。正向的财政分权、"晋升锦标赛"与负向的问责制度共同构成了激励因素,为官员行为提供了动力机制,而行政体系理性化的发展以及压力型体制构成的压力因素则对官员行为进行了约束与规范。制度视角的研究不仅对影响官员行为的制度因素进行了解释,还积累了大量的经验观察素材。特别是对于我国压力型维稳体制的研究,从历史和制度发展方面已经进行了丰富的探讨,深刻地揭示了压力型维稳体制的形成根源、表现形式与运作方式和过程,并对压力型体制的弊端进行了鞭辟入里的剖析。

当然,已有研究也存在以下三方面的局限性,为本研究提供了理论对话的空间和研究的切入点。

第一,各个学科对于个体行为的解释是割裂的,缺乏整合性的理论建构和知识体系。对于政府官员行为的研究,公共管理学、政治学、经济学、心理学从各自学科的角度开展了研究,但缺乏在不同的具体行为领域建构基于多学科理论的整合性分析框架,难以形成综合性的解释。认知视角下的研究集中于微观的研究进路,未关注到制度、组织、文化等背景因素对个体心理与行为的影响。且多个理论模型对个体风险应对行为的考察并未揭示从认知到行为意向的具体机制,更大程度上只是从认知到行为的过程性描述,其中个体风险感知与风险应对行为之间的关系仍是复杂而模糊的,出现了许多结论不一致的研究,其具体影响机制也有待进一步的分析与证实。在制度视角的研究中,目前对影响官员行为的制度要素的研究侧重宏观的机制研究和经验观察,缺乏对官员个体行为的考察,将有血有肉的个体抽象化、工具化,忽略了个体间的差异和内在心理认知过程对于行为的影响。事实上,影响政府官员行为的因素是复杂多样、难以割裂的,孤立地分析任何一个因素都会存在明显的缺陷。我们既需要打开了解官员认知过程的"黑箱",也需要打开认识制度与组织过程的"黑箱",综合运用各个学科对于行为的研究基础,打破学科间的藩篱,根据具体的研究问题构建综合性的分析框架。

第二,研究领域十分局限,缺乏对行为发生情境的具体考量。制度视角对于官员行为的研究多集中在促进经济增长的行为上,由于领域特征的不同,官员促进经济增长行为领域的结论很难在其他行为领域直接推广。而用同一激励或压力机制框架来解释官员的不同行为,则缺乏针对不同问题情境的具体制度要素的剖析和解释。对于基层干部应对社会稳定风险的行为,就需要将其放在具有不确定性、模糊性、威胁性的风险情境下来考量,传统的激励因素或者压力体制很难对这一情境下的行为进行完备的刻画。而风险研究中,对于个体风险应对行为的研究只局限于灾害研究领域对自然风险的应对行为,缺乏对更为复杂的社会风险的研究。进一步的研究需要基于官员行为的具体领域和问题情境,将对情境因素的考量纳入分析框架,针对具体的行为特征和情境特征来开展。

第三,在研究方法方面,各个视角都存在局限性。认知视角的研究多采用心理学的实验法,其招募的被试大多并不是真实问题情境中的行为者,因而虽然在实验中具有很强的内部效度,但往往难以复制,外部效度不足。而制度视角的研究多停留在经验观察和描述上,以单案例研究为主,虽然有利于发现和积累影响政府官员行为的制度要素,但没有定量分析的实证检验,很难形成因果推论。因此,对于政府官员的研究需要进一步综合各个研究视角和研究方法的长处,并尝试基于对真实基层干部的调查得出更符合问题情境的结论,以增进研究的理论解释力。

第3章　理论框架的初步建构

第2章对认知视角与制度视角下政府官员行为影响因素和机制的研究进行了系统梳理，力求探寻这一研究领域的理论脉络，为本研究提供理论基础。已有研究从微观的认知进路出发，发现个体的态度、动机、感知与个体行为高度相关；从制度主义的进路出发，发现多层制度体系向下传递的压力以及晋升和问责的正负向激励可以推动官员的行为。但是，仍无法直接解释本研究的研究问题，即为什么在"一票否决"的压力型维稳体制下，在高社会稳定风险的情境下，一些基层干部仍然采取消极的应对行为。

已有理论对于这一问题解释不足的原因可能包括：第一，对于干部行为的认知心理因素的研究有待于与具体的行为情境相结合，须从问题情境出发探索具体的个体内在因素与其作用机制；第二，制度视角的研究没有考虑官员的具体行为领域，如财政分权这一经济激励适用于解释地方政府促进经济增长行为的动力机制，但对于维护社会稳定领域并不适用；第三，现有研究很少区分不同层级与不同部门干部行为影响因素的差异性，比如"晋升锦标赛"这一政治激励比较适合解释地方主政官员的行为动机，但是对普通基层干部行为的解释力不足。

事实上，在风险与危机背景下，对决策行为的解释需要综合考虑认知因素与制度因素。Stern(1999)认为，综合考虑认知因素与制度因素有利于更好地解释时间压力大和不确定性条件下的危机决策。钟开斌(2007)也认为，危机决策是多种因素的综合产物，不能将个体认知因素与组织制度背景割裂开来。因此，本章将综合认知视角与制度视角的研究成果，基于基层干部面临的社会稳定风险情境，初步构建基层干部社会稳定风险应对行为的认知—制度理论分析框架，以探索基层维稳工作中"灰犀牛"现象产生的认知因素和制度因素。从已有文献出发探索以下问题：第一，基层干部面临的社会稳定风险情境具有什么样的特征，他们的应对行为处于怎样的风险情境之下？第二，在社会稳定风险情境之下，基层干部的哪些认知心理要素与其行为意向密切相关？第三，在社会稳定风险情境之下，压力型维稳体制中的哪些制度要素会对基层干部的应对行为产生影响？第四，是否还有其他个体特征因素会影响基层干部的风险应对行为?

3.1　行为情境:社会稳定风险情境中的基层干部

在中国,街道、乡镇层级的基层政府在治理体系中具有多重角色。街道、乡镇政权处于国家与社会的交接点上,同时嵌入压力型科层制与乡土社会之中,这使得基层政府需要同时面对自上而下的压力型科层体系以及自下而上的非程式化乡村社会(欧阳静,2009)。位于"上下之间"这一独特处境塑造了基层政府的双重角色:第一,基层政府是中央政府及上级政府的代理人,是中央政策和上级指令的执行者;第二,基层政府也连接着广大的乡土社会,承担着因地制宜维护当地民众生计、社会治安的职责(周雪光,2005)。这使得地方政府在运行中亦面临着双重的风险:一方面,压力型科层体系自上而下传递的行政压力与基层政府的行政资源、行政能力、地方情境之间存在张力,导致了基层政府的运行存在高政治风险;另一方面,街道、乡镇政府连接着广大社会公众,基层政府的行为直接暴露在公众舆论监督之下,直接受到当地利益相关群体反应的影响,面临着潜在的社会不稳定预期,甚至是潜在的集体抗争行动。所以说,街道、乡镇基层政府夹在行政体系的末梢和乡土社会之间,面临着高风险的运行环境。当基层政府的风险预期超越激励因素时,地方政府官员的行为将被"风险理性"所主导(吕方,2013),导致偏离上级预期的正式行为。

这一双重挤压之下的风险情境在基层政府执行维护社会稳定这一任务时更加突出。近年来,维稳的责任不断下移,突出了属地责任,更是给基层政府带来了巨大的压力。"属地管理"原则将许多本该由上级职能部门处理的矛盾纠纷随属地责任转移给街道、乡镇政府,一旦社会矛盾激化,基层政府成为首要的责任承担者,而科层权威又强化了压力,并将维稳工作上升到政治高度(张紧跟、周勇振,2019)。作为属地的街道、乡镇政府,其资源和能力是有限的,矛盾化解的责任和权力、资源之间发生错位。由此,地方政府的社会稳定风险应对行为实质上处于高政治风险、高行政风险、高社会风险的环境之下。

这一复杂的风险情境构成了基层干部行为的基本背景。在维稳工作中,社会稳定风险情境的突发性、紧急性、不确定性与威胁性都给基层干部带来了高度的紧张与巨大的压力,打破了基层干部的常规行为模式,需要他们在制度压力、有限信息、有限时间等约束条件下采取应对行为(钟开斌，2007；薛文军、彭宗超，2014)。因此,在建构基层干部社会稳定风险应对行为的分析框架时,必须将这一风险情境作为出发点,结合风险情境的特征来探索影响基层干部行为的制度要素和认知要素。

3.2　认知因素与基层干部风险应对行为

根据文献综述,从认知视角看来,个体的行为是基于个体内部心理活动和过程形成的,个体间的认知心理存在差异性,微观视角的研究进路对于干部行为研究的补充是非常必要的,因为在外部环境与人的最终行为输出之间,正是个体真切的心理意义,决定了人们行为的方式和行为性质(胡荣，1989)。景怀斌(2011)认为,不同层级干部行为的影响因素可能存在差异,在庞大的科层组织中,越接近金字塔底部,由于面临情境的具体性,干部行为受到的制度约束可能越弱。在以"一把手"为核心的领导责任制下,关键领导干部基于感知、态度、动机等认知心理过程对公共问题的锚定在政府行为中起着重要的作用。

对于本书所要研究的街道、乡镇的基层维稳干部而言,其社会稳定风险应对行为不仅仅是在压力型维稳体制下的执行行为,也是对社会稳定风险感知的回应行为。制度视角对于干部行为的定义主要集中于前者,对后者是有所忽视的。事实上,相对于高层干部,基层干部的行为由于所面临风险情境和问题情境的具体性,更有可能受到心理认知因素的影响。因此,在基层干部社会稳定风险应对行为的理论建构中,将个体的感知、态度、动机等心理活动因素纳入分析框架是十分必要的。

在本研究中,基层干部面临的最大挑战就是不确定的社会稳定风险预期。因此,对于社会稳定风险的感知是其作出应对行为的基础。根据第2章对以往文献的梳理可知,行为公共管理学关注到了感知对于政府主体中个体行为的影响,但缺乏对风险感知的剖析。因此,本节将在行为公共管理学的研究进路下,引入风险研究领域中个体感知与应对行为的理论模型,结合具体的风险情境,分析影响基层干部社会稳定风险应对行为的认知心理因素。

根据文献综述,风险研究领域常常用心理模型来描述个体面对风险时从感知到采取行为的心理认知过程,如健康信念模型(HBM)、保护动机理论(PMT)、防护行为决策模型(PADM),三个模型在从感知到行为的具体描述上虽然有所不同,但都关注到了对于风险(威胁)的感知以及对于防护(应对)行为的感知对于个体行为的影响。风险领域模型的研究对象常常是公众,因而在对干部行为的理论构建中,笔者结合基层官僚的相关研究,以及行为公共管理学对于政府主体中个体行为影响因素的研究,将社会稳定风险感知和应对行为感知作为解释基层干部行为的感知因素纳入分析框架。

3.2.1 社会稳定风险感知

根据文献综述可知,对于外部威胁或风险的感知是风险研究中理论模型构建的关键环节。在健康信念模型中,个体的易感性感知及严重性感知是影响个体采取健康防护行为的关键因素,而易感性感知和严重性感知都是对于威胁(风险)特征的感知(Becker,1974)。在保护动机理论中,对外部信息的认知调解过程是模型的核心,而对于威胁的评估是产生行为动机的重要一环(Reynaud et al.,2013)。在防护行为决策模型中,威胁感知则是被风险感知所定义的(Wang et al.,2016),威胁感知影响个体保护行为意向的选择。可见,风险研究均将个体的风险感知作为影响个体面对风险时回应行为的重要因素。

近年来,随着风险的主观建构特性越来越受到重视,风险感知在风险研究中日益处于至关重要的地位。风险感知是指个体对于特定风险的观念、态度、评价和感受,以及个体面对威胁时所采取的更广泛的社会和文化表现(Pidgeon,1998)。心理学路径的风险感知研究主要运用心理测量的方法研究风险问题,认为风险是经过个体的心理活动主观定义和建构的,可以通过心理学调查来进行测量。Slovic(1987)通过问卷直接问询个体对于特定风险的感知和偏好,并通过因子分析对未知性、恐惧性、可控性等风险特征进行描绘,开辟了心理测量这一研究范式。心理测量范式认为,人们的风险感知是与风险的特定特征及发生环境相联系的。Gardner与Gould(1989)对于技术风险感知的研究显示,不同的风险可能会因其特定的感知风险和收益而具有不同的定性特征,必须根据风险的特征来对风险感知进行评估。这种对于风险感知的心理测量也是个体风险感知与应对行为理论模型的基础。

已有研究大多证实了个体风险感知与其风险应对行为的相关性。根据Lindell和Perry(2012)的研究,风险感知是影响个体对于威胁事件回应行为的基本性因素,很多研究证实了风险感知与个体回应行为的正相关性

(Ruin et al.,2007;Hung et al.,2007),即,个体的风险感知越高,越倾向于积极地采取应对行为。但是,灾害风险研究领域的风险感知悖论表明,在一些情况下,尽管个体风险感知较高,他们也有可能会采取消极的防范措施(Wachinger et al.,2013;Siegrist & Gutscher,2006;Karanci et al.,2005;Hall & Slothower,2009;Haynes et al.,2008)。因此,风险感知与风险应对行为之间关系的方向尚是模糊而不确定的,在不同的风险情境中存在较大的差异,已有研究并没有得出一致的结论。本研究关注的是社会稳定风险情境,在这一情境中,基层干部对于发生社会不稳定事件后果与影响的评估与认知,即社会稳定风险感知,是影响干部行为的最重要的感知因素。在维稳工作当中,当基层干部感知到的社会稳定风险较高时,他们可能会有更强的意愿采取行动积极进行维稳应对,但也可能由于种种因素,譬如感知到的风险过高,超出应对能力范围,在社会稳定风险应对中选择采取消极行动,导致"灰犀牛"式事件的发生。因此,二者之间相关关系的正负方向尚待进一步探索。据此,提出命题1。

命题1:基层干部的社会稳定风险感知显著影响其采取社会稳定风险应对行为的意向。

3.2.2 应对行为感知

应对行为感知是指个体决定是否采取应对行为时必须具有的几种信念:个体必须相信采取行动能够阻止危险的发生;个体必须相信其具有能力采取行动;个体必须相信采取行动的收益大于成本。个体所具有的这几种信念越强,就越可能采取应对行为。在健康信念模型中,收益感知和障碍感知描述了个体认为采取行动会产生的收益和付出的成本。在保护动机理论中,应对评估表征了个体对于自身应对风险的能力以及应对风险的成本的感知,包括反应效能感知、自我效能感知和保护性反应成本。防护行为决策模型也将防护行为感知作为重要的影响行为的认知过程,包括了与效能相关的属性(即保护人员和财产的功效以及其他用途的效用)和与资源相关的属性(即成本以及所需的时间/努力、知识/技能、工具/设备和社会合作)。综合以上模型可以发现,它们对于应对行为感知的界定都包含了收益与效用、成本与资源两个维度的含义。但是,风险研究理论模型关注的对象多为公众的感知和行为,因此,结合行为公共管理学对于政府主体中个体行为影响因素的分析,笔者提出应对行为感知的两个维度——效能属性感知与资源属性感知。

1. 效能属性感知

在风险研究模型中,效能相关属性描述的是个体对采取应对行为的收益性和效用性的感知。效能相关属性较强的个体,其感知到的采取行为的收益感较强,自我采取保护行为的能力感和效用感较高。对于防护行为决策模型的实证研究发现,效能相关属性水平较高时,公众倾向于增强其防护行为意向以及采取实际的防护行为(Lindell et al.,2009)。而对于政府官员的行为来说,其效能感则指向服务于公共事务的行为动机和心理需求,行为公共管理学所关注的公共服务动机这一概念与此高度相关。借鉴公共服务动机的内涵,与个体采取防护行为的效能感相比,政府官员风险应对行为的效能感不是出于自身的收益,而是出于利他动机,体现为维护公共利益、为公众服务的内驱力,强调价值和参与(叶先宝、李纾,2008;李小华、董军,2012)。很多研究发现,公共部门的职员更注重帮助他人和从事有益于社会的工作,也更注重工作所带来的重要感、成就感等内部奖励(Rainey,1982;Wittmer,1991;Houston,2000)。这种内在特质与其行为联系密切,具有较高利他动机和社会价值感的人倾向于更好地履行工作责任,往往在工作中具有更好的表现和绩效(Perry & Recascino,1990;Naff & Crum,1999)。对于维稳工作中的基层干部来说,当他们认为维稳工作的成就感、价值感较高,更热衷于为社会长治久安作出贡献时,其采取社会稳定风险应对行为可能会越积极。由此,提出命题2。

命题 2:基层干部的效能属性感知越高,其社会稳定风险应对行为越积极。

2. 资源属性感知

风险研究中对于个体风险应对行为的理论模型都关注到了资源相关的感知因素,即,个体感知到的需要为采取行动付出的成本,它描述的是风险应对与资源之间的关系。在公众个体防护行为的理论模型建构中,资源相关属性的感知主要包括个体感知到的对金钱、时间和精力、知识和技能、工具和设备、与他人的沟通协作等方面的需求。对于模型的实证检验发现,个体的资源属性感知水平较高时,会降低其防护行为意向和防护行为(Lindell & Whitney,2000;Lindell & Prater,2002)。最近的研究还发现,与效能属性感知相比,资源属性感知在风险情境中发挥更重要的作用(Lindell et al.,2009;Lu & Wei,2018)。与普通公众相比,政府官员的资源属性感知可能在其社会稳定风险应对行为中发挥更显著的作用。由第 2 章文献综述可知,行为公共管理学对于政府主体中个体行为的研究关注到了工作资源因素,认为能够降低工作中所要付出的身体和心理成本的工作资源可以促使政府官员采取更加积极的工作行动(张书维、李纾,2018;Bellé & Cantarelli,2015)。反之,当政府官员感知到应对社会稳定风险的工作所需要付出的成本极高,对于工作资源的需求极大时,则其采取积极行动的意向会减弱。因此,提出命题 3。

命题 3:基层干部的资源属性感知越高,其社会稳定风险应对行为越消极。

3.3 压力型维稳体制与基层干部风险应对行为

由文献综述可知,制度环境通过压力机制与激励机制影响政府官员的行为,这构成了干部行为的基本制度背景。对于政府官员的社会稳定风险应对行为而言,其最直接的制度环境就是压力型维稳体制。压力型维稳体制有两个制度要素:一是维稳任务的量化分解机制,将维稳目标和任务分解下派,要求基层在规定时间内完成量化的任务指标;二是严格的考核评价责任体系,实行"一票否决"制,对维稳主要责任人,因对维稳工作不重视、措施不落实,导致出现重大不稳定事件、造成严重后果的,进行问责(唐皇凤,2012;杨雪冬,2012)。因此,时间约束、任务的量化分解、激励与问责构成压力型维稳体制的主要特征,这其中既有激励因素,也有压力因素。结合基层政府官员面临的社会稳定风险情境,笔者提出维稳时间约束、维稳任务清晰度与问责激励强度三个重要的制度变量,探索其与基层干部社会稳定风险应对行为之间的关系。

3.3.1 维稳时间约束

在压力型维稳体制中,上级分解派发的维稳任务常常带有严格的时间约束,要求在规定时间内完成。对于基层干部来说,处理突发事件也是基层维稳工作的常态,无论是信访综治、舆情事件,还是群体性事件,时间都是一个关键的要素。如果不能在一定时间内处理好社会不稳定情况,维稳形势往往会恶化,甚至产生难以收拾的后果。而在风险与危机研究中,时间也是一个关键的变量。危机决策就是一个在时间压力和高度不确定性的情境下作出行为决策的过程,风险的紧急性常常要求决策者必须在相当有限的时间约束条件下快速作出响应,采取风险应对措施以减少损失(Trumbore & Boyer,2000;钟开斌,2007)。因此,在风险情境给个体带来的压力中,时间约束是一个主要的压力来源。时间约束会促使干部快速采取行动,并且是通过对个体注意力的集中来实现的。时间约束的压力会促使个体的注意力集中于一些关键的有效信息,忽略一些次要信息(Price & LaFiandra,2017),从而在主要任务上进行快速积极的行动。对于基层官僚(street level bureaucrats)执行行为的研究也发现,与工作任务相关的时间压力是影响基层官僚行为的重要因素(陈那波、卢施羽,2013),工作任务的时间压力越大,基层官僚在执行中的态度可能会越积极,但也可能出现为了完成任务而采取偏离政策预期的变通行为。

因此,在基层干部社会稳定风险应对行为中,结合风险情境、基层官员属性与维稳任务的特征,维稳时间约束是一个影响干部行为的关键制度变量。维稳任务下派时的时间约束越大,基层干部采取风险应对行为可能会越积极。由此,提出命题4。

命题4:维稳时间约束越大,基层干部的社会稳定风险应对行为越积极。

3.3.2 维稳任务清晰度

压力型维稳体制的另一结构特征是量化分解的任务指标。常常采用"目标责任制"的方式,对维稳工作目标任务进行细化分解,并签订责任书、责任状(王汉生、王一鸽,2009;赖诗攀,2015),来确保基层完成任务目标。可见,在这一过程中,维稳任务的清晰程度也对基层干部的社会稳定应对行为有着关键性的影响。对基层官员政策执行行为的研究也表明,任务目标及内容的清晰程度对其行为有显著影响(陈那波、卢施羽,2013;Meyers & Nielsen,2012;Lipsky,2010),这在很大程度上是因为目标和任务模糊意味着很难对基层官员行为的过程与结果进行有效的评价与监管。任务清晰度与任务模糊性代表了同一构念的两个方向,在学术研究中经常互换使用(李声宇,2016)。任务模糊性在执行研究中是一个宽泛的概念,学界莫衷一是,肖芸与赵俊源(2019)将其界定为目标模糊性与行动模糊性两个维度,前者指向的是对象上的模糊性,是行动主体在任务过程中"做什么"的问题,后者指向的是手段上的模糊性,是行动主体在任务过程中"怎么做"的问题。而这些不同维度的模糊性对于基层干部的行为有着重要的影响。Wright(2004)认为,当执行者不清楚要达成什么目标以及如何去达成时,其行动的积极性会大大降低。Matland(1995)提出的政策执行模糊冲突模型以及后续实证研究也表明,任务模糊性与基层执行的行为逻辑和治理效果之间存在联系(Matland,1995;吴进进,2012;胡业飞、崔扬扬,2015;韩志明,2018)。

前人的研究已经证实,任务模糊性与基层干部的执行行为存在负向联系。反之,任务清晰度对基层干部的执行行为具有正向影响。基层干部在维稳工作中面临高度不确定的社会稳定风险情境,事实上减弱了维稳任务的清晰度,不利于基层干部明确维稳工作的具体目标、内容和方式,进而使其很难在不确定的情境下作出决策和采取行为。反之,任务清晰则有助于基层干部在面对社会稳定风险时采取积极应对措施。由此,提出命题5。

命题5:维稳任务越清晰,基层干部的社会稳定风险应对行为越积极。

3.3.3 维稳问责强度

根据文献综述,正向的财政分权和"晋升锦标赛"与负向的问责制度共同构成影响干部行为的激励因素。本研究关注基层干部在社会稳定领域的行为,作为经济激励的财政分权并不适宜作为本分析框架中的激励因素,因此需要重点关注的是政治激励。在建构基层干部社会稳定风险应对行为的理论框架时需要重点考虑的问题是,正向的晋升激励和负向的问责激励是否会影响基层干部在维稳工作中的行为。

1. 晋升激励是基层干部社会稳定风险应对行为的驱动因素吗?

晋升激励对于不同层级干部的影响是存在差异性的。周雪光(2012)认为大多数地方普通干部的日常工作更多地受到多重政府制度逻辑和内部过程的影响,而非"晋升锦标赛"的激励。宋琳与赖诗攀(2016)也认为,"晋升锦标赛"主要针对的是地方政府的主要负责人,并不能很好地解释地方普通干部的行为。所以笔者认为晋升激励不是街道、乡镇基层维稳干部社会稳定风险应对行为的驱动因素。这样的观点是基于以下两个原因。

第一,晋升激励对干部行为能够产生引导作用的第一个前提是,假定干部对于晋升有强烈欲望,愿意为晋升付出努力(陈家喜,2018)。而不同层级干部的晋升意愿是不同的。我国的干部行政层级体系是金字塔形,实行的是逐级淘汰的晋升体系,层级越高,职位越少。对于高级别的干部而言,一旦无法晋升,就失去了寻求更高事业的机会。基层干部处于金字塔的下层,职位多,即使离开政府机关也可以去其他组织寻求工作机会,这导致大部分普通基层干部的"危机感"和晋升意愿并不强烈(刘剑雄,2008)。特别是对于街道、乡镇的干部而言,还存在一种考量因素,就是级别的提升不一定能带来实际权力的增加①。比如:一名街道、乡镇的干部调入市、区的委办局机关,其实质掌握的权力和资源是有所减少的,现实中也常常存在这样的情况。因此,对于基层干部来说,如果在晋升博弈中不能带来实质权力与利益的增加,那么晋升对其而言就失去了激励效果。

第二,晋升激励能够对干部行为发生影响的第二个前提是,假定政府官员都严格依照绩效评价结果进行晋升。但是,现实中晋升并不是遵照严谨清晰的模式进行运转的。已有大量研究表明,升迁的影响因素非常复杂,并不是所有晋升都基于高政绩表现,政治背景、人际关系网络、竞争者实力等因素在晋升中都起着显著的作用(Opper & Brehm,2007;Shih et al.,2012;陈家喜,2018)。此外,政绩考核的标准并不是清晰且唯一的。一些职能部门干部的绩效很难直接用清晰的量化数据来评价。对于基层干部来说,在维护社会稳定这一工作领域,有着鲜明的"不求有功,但求无过"的倾向,其政绩考核的标准也不是明确的指标和数字。

综合以上两方面原因,笔者认为,正向的晋升激励并不是街道、乡镇基层干部社会稳定风险应对行为的驱动性影响因素,因此不纳入理论分析框架。

2. 问责制度是基层干部社会稳定风险应对行为的激励因素吗?

作为负向激励的一种形式,问责制度通过对不履职行为进行威慑与追惩,从而促使干部对自身行为加以调试和改善(韩兆柱,2007;倪星、王锐,2018;Bovens,2007)。压力型维稳的显著特征之一就是对未达成目标任务的维稳责任主体实行"一票否决"(荣敬本等,1998;唐皇凤,2012)。因此,维稳任务的问责对基层干部属于强负向激励,是"硬指标"。在基层街道、乡镇资源有限的条件下,基层干部往往会在各项任务中将维稳任务排到优先地位,集中有限的资源和注意力。此时"一票否决"的问责制度在压力型维稳体制中起到了任务传导的作用(倪星、王锐,2018),成为中央和上级党委政府推动基层政府落实维稳责任的工具。这样的强维稳问责进一步强化了基层政府运行的高政治风险情境,基层地方干部采取各种手段应对潜在的

---

① 根据对 E 市 F 区 H 街道的访谈得出。

社会稳定风险,甚至用一些非正式手段来进行"摆平"。总体来看,这些手段都指向了积极地采取行动。因此,提出命题6。

命题6:维稳问责强度越大,基层干部的社会稳定风险应对行为越积极。

本节梳理了影响地方政府行为的激励机制,结合基层干部自身的特点以及其所面临的高社会稳定风险情境,笔者认为正向的晋升激励对基层干部的作用不显著,而负向的维稳问责激励对于驱动基层干部采取应对社会稳定风险的行为起到了主导作用。

3.4 个体特征因素

风险研究认为,个体的特征因素显著影响个体在风险中的感知和应对行为。来自风险灾害的研究证据表明,公众关于灾害的经验常常与更高的风险感知与防护行为意向相联系(Wachinger et al.,2013)。这表明,个体在风险中的行为与其经历相似风险的经验有关。在面临相似的风险情境时,个体常常会学习和总结以往的经验,并以此作为行为的依据(任杰等,2009)。经验是人们通过多次实践积累的隐性知识,在风险情境中,官员往往需要依靠直觉和隐性知识来作出应对行为(Wagne,1987)。因此,面临社会稳定风险时,维稳工作经验越丰富的基层干部,其采取行动的意向会越强。由此,提出命题7。

命题7:基层干部的维稳工作经验越丰富,其社会稳定风险应对行为越积极。

另外,一系列人口统计学变量,如性别、年龄、受教育程度等,也会显著影响个体的风险感知和应对行为,但其影响效果存在争议。

一些研究发现,性别是影响个体在风险中的行为决策的重要因素。Anderson等(2014)在研究公众对新兴技术的风险感知时发现,女性感知到新兴技术的风险较男性更高,同时采取的防护行为更加积极。但是也有研究认为,在社会风险领域,性别之间的差异性并不显著(Weber et al.,2002)。

对于年龄因素的研究发现,在新兴技术风险领域,年龄越大的个体感知到的风险越高,采取的防护行为越积极(Anderson et al.,2014)。但也有研究显示,与年轻人相比,老年人在面对风险时的最终行为输出结果并无显著差异(喻婧、饶俪琳,2014)。

另外,有研究发现受教育程度对个体的风险感知与应对行为也存在影响。Lemyre等(2006)学者研究发现,低学历的受访者对环境、治疗和社会健康风险的感知与防护行为意向高于高学历的受访者。

因此,性别、年龄、受教育程度等人口统计学变量也会作为控制变量纳入分析框架。表3.1总结了本章提出的初步研究命题。命题1、命题2、命题3试图回应本研究的第一个研究问题,即,个体对风险的感知因素如何影响基层干部的社会稳定风险应对行为。命题4、命题5、命题6旨在回应第二个研究问题,即,哪些制度因素影响了基层干部的社会稳定风险应对行为策略,其作用的主要机制是什么。

表 3.1 初步研究命题

类 别	初步研究命题
感知因素	命题1:基层干部的社会稳定风险感知显著影响其采取社会稳定风险应对行为的意向。 命题2:基层干部的效能属性感知越高,其社会稳定风险应对行为越积极。 命题3:基层干部的资源属性感知越高,其社会稳定风险应对行为越消极。
制度压力	命题4:维稳时间约束越大,基层干部的社会稳定风险应对行为越积极。 命题5:维稳任务越清晰,基层干部的社会稳定风险应对行为越积极。 命题6:维稳问责强度越大,基层干部的社会稳定风险应对行为越积极。
控制变量	命题7:基层干部的维稳工作经验越丰富,社会稳定风险应对行为越积极。

3.5 本章小结

根据对以往文献的回顾和梳理,本章基于基层干部面临的社会稳定风险情境,综合认知视角与制度视角的研究成果,初步构建了基层干部社会稳定风险应对行为的认知—制度理论分析框架,以探索基层维稳工作中"灰犀牛"现象的根源。首先,本章分析了基层干部面临的社会稳定风险情境的特征,即基层政府位于国家与社会的双重压力之间,面临着高政治风险与高社会风险的运行环境,因此在建构分析框架时必须将这一风险情境作为出发

第3章 理论框架的初步建构

点,结合风险情境的特征来探索影响干部行为的制度要素和认知要素。其次,在行为公共管理学的微观研究进路下,引入风险研究领域对于个体感知与应对行为的理论模型,结合具体的风险情境和问题情境,分析影响基层干部社会稳定风险应对行为的感知因素,将社会稳定风险感知、效能属性感知、资源属性感知三个重要的感知因素纳入分析框架。再次,分析了制度因素对基层干部社会稳定风险应对行为的影响,结合社会稳定风险情境与压力型维稳体制的制度要素,提出维稳时间约束、维稳任务清晰度与维稳问责强度三个重要的制度变量将显著影响干部行为。最后,结合基层干部的个体特征因素,将维稳工作经验、性别、年龄、受教育程度作为控制变量也纳入理论模型。

至此,基于对已往文献的梳理,将影响基层干部社会稳定风险应对行为的认知和制度要素纳入分析框架,初步建构了理论模型(见图3.1)。但是,基于已有文献的理论构建还存在一些疑点:第一,基于文献提出的重要变量在现实的社会稳定风险情境和维稳工作中是否起作用,还需要实证研究来检验。第二,既有的认知视角和制度视角的研究是割裂的,需要进一步弥合理论间的鸿沟。认知变量和制度变量之间可能存在一些交互作用,例如,认知因素中的风险感知和资源属性感知,与制度因素中的维稳时间约束可能是高度相关的,这是本研究想要回答的第三个问题。但是,由于既有文献各自在理论视野上的割裂,并没有为我们提供充分的证据,这需要结合田野调查来进一步探索,以补充修正理论分析框架,回应第三个研究问题。

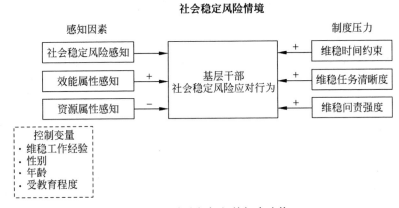

图3.1 理论分析框架的初步建构

注:"+"表示正向影响,"-"表示负向影响。

第 4 章 探索性案例研究与理论框架的修正

第 3 章中,基于基层干部面临的社会稳定风险情境初步构建了基层干部社会稳定风险应对行为的认知—制度分析框架,提出了影响基层干部社会稳定风险应对行为的重要感知因素、制度压力因素以及个体特征因素。但是基于以往文献的理论构建还十分薄弱,理论框架中的变量在真实风险情境中是否起作用是存疑的,变量间的关系也尚不清晰。因此,本章将基于初步构建的理论框架开展田野调查,在 E 市"城市综合治理"专项行动这一真实的高社会稳定风险情境中,探索基层干部应对社会稳定风险时的行为策略,及其背后的影响因素和行为逻辑。通过纵向的案例过程追踪与横向的比较案例分析,判断各重要变量在真实案例情境中的实际影响,深入挖掘变量间的逻辑关系和影响机制,并基于案例的研究发现对理论分析框架进行修正和完善。

4.1 研究方法

4.1.1 案例研究方法

对于如何确定一项研究应该采用哪种研究方法,罗伯特·K.殷(2004)认为,当研究问题的类型是"怎么样"和"为什么",研究者对于研究过程不能进行控制或只能进行极低程度的控制、研究的焦点是目前正在发生的事件时,比较适合使用案例研究方法。案例研究能够帮助研究者在不脱离社会情境的条件下深入地理解复杂的社会现象,并揭示其背后的机制。因此,当依据现有文献无法形成理想的理论框架和研究假设、因果关系模糊不清时,案例研究方法无疑非常适用于进行探索性的研究。同时,与大样本的统计学方法相比,案例研究通过追求典型性来进行因果推断和因果解释,运用案例证据来揭示社会现象背后的因果关系,建构出完整的因果链,也可以用来检验理论(Lijphart,1975;Brady & Collier,2004)。

第 4 章　探索性案例研究与理论框架的修正

本章使用案例研究方法进行探索性研究是基于如下考虑：

第一，本研究的目的主要在于探索基层干部社会稳定风险应对行为背后的影响因素和影响机制，是一个"为什么"和"怎么样"类型的问题。这类问题重在探讨因果关系，更富有解释性，需要追溯相互关联的各种事件，进行广泛的资料收集并分析其关联性。使用案例研究的方法可以对基层干部行为背后的影响因素和逻辑关系进行深入的挖掘与解释。

第二，笔者对研究过程和研究对象无法进行控制。本研究以真实行政压力和社会风险情境下的基层干部为研究对象，需要探索的是他们在真实的政府运行过程中的行为。对于研究对象和研究情境，均不能放在实验室的条件下进行直接、系统、精准的控制。而通过案例研究，笔者可以浸入案例情境中去，参与式地观察实践过程，从中发现因果机制。

第三，本研究关注的问题是发生在当代的，笔者能够接近研究对象所处的实际环境。本章重点观察的是 E 市"城市综合治理"专项行动 (2017—2020 年)疏解区域性专门市场这一高社会稳定风险情境中，街道、乡镇等的基层一线维稳干部的应对行为，案例发生在当代，而非历史事件。笔者可以通过直接的访谈、观察来获取信息，了解事件过程，比较适合进行案例研究。

4.1.2　案例研究设计

本章案例研究目的主要有两个：第一，通过对典型案例的深描，探索认知因素、制度因素对基层干部行为的影响，以及认知因素和制度因素之间的关系，修正和完善理论框架。由于认知因素不可直接观测，所以需要在机制性的分析中进行深入剖析，完整展现基层干部社会稳定风险应对行为背后的逻辑过程。加之，笔者构建的理论框架是比较初步的，现有文献对于认知因素和制度因素间关系的探讨还比较少，可供借鉴的成果比较少，因而需要对案例过程做深度剖析，继续进行理论归纳，完善理论框架。第二，基于初步理论框架，验证关键的制度变量对于基层干部行为的影响。根据文献可知，认知因素和制度因素都可能对干部行为产生影响。但是，政府官员的行为在更大程度上可能是由制度所框定的，制度基本性地决定了干部行为的性质和走向(景怀斌，2011)，且在疏解区域性专业市场的案例情境中，认知因素是不可被直接观测的，而制度因素的变化可以被直接观测，便于比较。因此，案例研究的第二个研究目的是根据初步构建的理论分析框架，通过比较案例研究探索制度因素的影响机制。

基于以上两个研究目的,在案例研究的设计上采用纵向案例过程追踪与横向案例比较相结合的研究策略。蒙克与李朔严(2019)认为,公共管理的案例研究应当遵循因果追踪与数据集两种传统:因果追踪的传统以因果机制为特点,将因素和条件作为分析工具,本质上遵循的是质性思维,不依赖案例间的可比性,聚焦于连接原因和结果的机制,既能够利用因果观测的结果与既有理论进行对话,也能够通过对因果机制的归纳进行理论构建;数据集的传统以数理统计为特点,以变量为分析工具,本质上遵循的是基于理论框架指引的结构化思维,能够通过跨案例的比较分析检验理论。根据前文所述的研究目的,本章既需要在对案例的过程性分析和深描中进一步归纳因果关系,修正并完善理论框架,又需要在真实案例情境下对初步构建的理论框架进行检验。因此,本章的研究策略是对因果追踪传统及数据集传统的综合运用。

第一,采用过程追踪法,对H街道M鞋城疏解案例的过程进行追踪,通过努力寻找"诊断性证据"(蒙克、李朔严,2019)来提炼命题、归纳因果机制。Collier(2011)认为过程追踪能够识别新现象,验证既有的研究假设并提炼新假设,以及详细挖掘其中的因果机制。本章希望通过对案例过程细节的再现与深描,将干部个体的微观认知与行为嵌入制度环境之中,还原每一个案例情境中基层干部采取社会稳定风险应对行为背后的行为动机和逻辑,揭示认知因素与制度因素对干部行为影响的因果机制,并在此基础上进一步归纳相关研究命题,修正和完善理论框架。这一设计遵循的是因果追踪传统。

第二,采用比较案例研究的方法,对同一基层干部在两个相似的市场疏解情境中行为的差异性进行比较,验证其背后的关键因素,特别是关键制度变量的影响。这样的比较研究其本质是选择最大相似案例(most similar case),尽可能控制案例的其他特征因素,最大程度排除其他变量对被解释变量的影响,更精准地聚焦于关键解释变量对被解释变量——干部行为的影响。通过对H街道同一届领导班子在M鞋城与J商城两个不同但相似的案例情境中行为策略的对比,验证两个案例情境中制度变量的差异对于干部行为策略的影响。也即,通过求异法,选择非常相似的案例进行比较,就能控制住很多其他变量,接近自然科学中的实验条件(包刚升,2015),从而确定因果关系。这一设计遵循的是数据集传统,希望能检验初步理论框架中关键制度性变量的影响。

通过对因果追踪传统和数据集传统的综合运用来分析案例,可以更好地完善理论框架。一方面,因果追踪传统的案例分析具有很强的情境性,不追求外部效度,而数据集传统则通过严格的比较来实现因果推断,更适用于理论检验。另一方面,案例研究的数据集传统根据变量间的关系展开案例分析,容易损失细节,而因果追踪传统正是通过对细节的深描来构成密集的因果链,有利于弥补数据集传统在细节上的损失,并进一步归纳理论命题,完善理论框架。再者,无论是因果追踪传统还是数据集传统,都是基于"先验性知识"(蒙克、李朔严,2019)进行分析,而本章也正是以第3章初步构建的理论框架为基础进入田野进行案例研究。总之,要实现通过案例细节归纳理论命题,修正与完善理论框架,并对初步建构的理论框架进行检验的目的,就需要将因果追踪传统与数据集传统相结合。

4.1.3 案例的选择

干部的个体行为不是孤立发生的,是在现实中高社会稳定风险情境下发生的,与制度环境和风险情境紧密相连。我们需要选择具有典型性的高社会稳定风险情境,并在这一情境下选择典型的案例,分析同一干部在不同典型案例中的行为,以及不同干部在同一典型案例中的行为,来探究和剖析这些差异性的行为背后的影响因素及因果关系。

基于这一案例选择的思路,E市"城市综合治理"专项行动中的疏解区域性专业市场这一任务就是典型的高社会稳定风险情境。在这一情境下选择F区H街道的M鞋城疏解、J商城疏解作为典型案例,分析H街道前后两届领导班子在这两个案例中的不同应对行为。这一选择主要是出于以下原因。

第一,案例研究追求的是案例的典型性,而不是代表性。E市"城市综合治理"专项行动(2017—2020年)涉及多方利益主体,在实施过程中引发了诸多社会矛盾,是典型的高社会稳定风险情境。其中,又以疏解区域性专业市场为矛盾最集中的任务之一。E市F区共有待疏解和升级改造的区域性专业市场45家,其中H街道属地占了23家,涉及数万商户的疏解、安置问题,以及复杂的经济纠纷和利益诉求,遭遇了巨大的阻力和困难。自2017年实施"城市综合治理"专项行动以来,H街道遭遇了多起负面网络舆情、群体上访、越级上访,甚至规模性聚集等社会不稳定事件,在F区各街道、乡镇的综治维稳排名中常年处于倒数几名的位置,多次被F区点名批评。可以看出,H街道的基层干部处于来自行政体系和来自社会公众的双重压力的高政治风险、高社会风险的情境中,符合案例研究所追求的典型性。

第二,案例的选择需要考虑事件信息的丰富性、完整性和可得性。在案例的选择方面,事件信息和资料的获取尤为重要。首先,E 市"城市综合治理"专项行动的时间范围是 2017—2020 年,笔者既可以在当时进入田野对这一事件进行参与式观察,又可以持续跟踪回访,由于距离事件开始时间并不久远,笔者还可以对进入田野前的事件过程(2017—2018 年)进行追溯。因此,在这一事件中,笔者可以获得完整、充分的信息,便于使用过程追踪法对案例过程进行深描和还原。其次,E 市"城市综合治理"专项行动正发生于笔者进行田野调查之时,笔者可以接近案例中的大部分关键人物,并且借助实习的机会通过"滚雪球"的方式不断扩大访谈对象的范围,因而,具备了深入理解与刻画事件全貌的条件。总的来看,案例的选择在资料获取上符合丰富、完整、可得的要求。

4.1.4 资料的收集

案例研究的质量取决于其效度和信度,资料的收集在其中的作用尤为重要。罗伯特·K.殷(2004)认为,要提升案例研究的建构效度(construct validity),就要在案例中找到与所研究的概念相匹配的操作性措施,而这有赖于资料收集阶段证据来源的多样化,使之能够相互交叉印证;类似的,要提升案例研究的信度,也需要注重对案例资料收集质量的把控,使资料收集过程具有可重复性,能够经得起审核。对于提升资料收集质量的途径,罗伯特·K.殷(2009)认为,处理案例研究资料最理想的方式是三角互证法(triangulation),努力找到不同来源的资料,使其能够互相印证,并共同支持某一结论,才能提升结论的说服力。

本研究中资料的收集是在田野调查中完成的。进入田野的契机来自笔者进入 E 市 F 区维稳部门实习的机会。2018 年 10 月初,笔者开始在 F 区维稳部门实习,参与 F 区重大决策社会稳定风险评估的调研和检查工作。2018 年 10—11 月,笔者跟随 F 区委领导到 F 区的各街道、乡镇走访调研,共走访了 7 个街道办事处、2 个乡、1 个镇,考查基层维稳工作中重大决策社会稳定风险评估的落实和执行情况。在走访调研中笔者发现,E 市"城市综合治理"专项行动涉及的各项任务是目前各街道、乡镇的工作重心,也是主要的社会稳定风险来源,给基层干部造成了很大的工作压力。这其中,又以 H 街道面临的压力最大,情况最复杂。H 街道的基层干部自 2017 年起面临多个疏解市场的任务,其应对社会稳定风险的行为方式十分多样,且在不

第4章 探索性案例研究与理论框架的修正

同的疏解任务中、在不同的时间节点均富于变化性和差异性,这引起了笔者的研究兴趣。于是,经过F区委领导的协调,2018年11月至2019年1月,笔者进入H街道实习,获得了宝贵的进行参与式观察和深度访谈的机会。在三个月的实习期间,笔者直接参与了H街道疏解区域性专门市场的工作,对关键的基层干部进行了多次深度访谈与焦点小组访谈,并追溯了笔者进入H街道之前的事件发展过程。2019年1月实习结束后,笔者又于2019年4月、2019年7月、2019年11月进行了三次实地调研,对关键人物进行了数次单独访谈,追踪疏解任务的进展情况与基层干部的应对情况。

如表4.1所示,笔者收集资料的方式包括开展深度访谈、焦点小组访谈、参与式观察、查阅政府会议以及政府资料等,多种证据来源可以相互印证,形成证据链,增强案例研究的说服力。

表4.1 资料收集概况

资料收集方式	概况	字数(份数)
深度访谈	21人,43人次	9.2万字
焦点小组访谈	5轮,26人次	4.7万字
参与式观察	实习三个月,观察笔记	3.4万字
政府会议记录 (12.6万字)	F区社会稳定风险评估工作情况检查会议10次	3.3万字
	H街道M鞋城疏解总结会议1次	1.6万字
	H街道J商城疏解工作例会13次	3.7万字
	H街道商户双周见面会2次	1.1万字
	H街道市场方调研座谈会3次	2.9万字
政府资料 (144份)	E市"城市综合治理"专项行动实施意见及工作计划	7份
	F区"城市综合治理"专项行动指挥部周报	13份
	M鞋城疏解每日工作简报及总结材料	58份
	J商城疏解工作情况汇报	37份
	领导讲话、培训材料等其他资料	29份

第一,政府资料。包括E市"城市综合治理"专项行动实施意见及工作计划、F区"城市综合治理"专项行动指挥部周报、M鞋城疏解每日工作简报及总结材料、J商城疏解工作情况汇报等资料共计144份。这些资料准确地记录了事件发展的全过程,便于追溯笔者进入田野之前的维稳工作情况,克服了访谈中被访对象回忆不完整的局限。

第二,政府会议记录。笔者在实习过程中参加了 F 区社会稳定风险评估工作情况检查会议 10 次、H 街道 M 鞋城疏解总结会议 1 次、H 街道 J 商城疏解工作例会 13 次、H 街道商户双周见面会 2 次、H 街道市场方调研座谈会 3 次,整理了约 12.6 万字的会议记录。这些会议生动地展现了基层政府内部的思维方式和决策过程,以及政府与市场疏解任务的利益相关群体(包括商户与市场方等)的互动过程。

第三,参与式观察。笔者带着问题到实地去,寻求资料和"理论性的解答",在观察研究对象的过程中形成对他们的概括和方法论(风笑天,2009)。通过进入田野实习,笔者对基层干部在疏解区域性专业市场这一任务中的维稳行为及变化进行跟踪,参与了对日常来访商户的接待、在市场内设立的临时协调值班室的接待、街道对各市场的调研、街道的各类例会、街道向上级政府的汇报材料的整理和撰写、街道与上级政府的各类协调会议等。通过参与式的观察,积累了观察笔记约 3.4 万字。观察所获得的资料相较于访谈更具有情境性,可以更好地了解干部在真实行为情境下的心理状态与行为倾向。

第四,访谈法。访谈法的优点是不但能问问题,还能观察受访者(艾尔·巴比,2009),从而获取更多的信息。本研究的访谈分为深度访谈和焦点小组访谈两种形式,由笔者提问,并记录和整理受访者的回答。在深度访谈中,笔者与 21 人(43 人次)进行了一对一的单独访谈,大部分是通过面对面的方式进行,少部分通过电话进行。附录 B 展示了访谈对象的概况,受访者涵盖了 H 街道现任党政领导班子主要成员,即 H 街道疏解工作组的主要成员,以及 2018 年 7 月前任职 H 街道的原领导班子。在"城市综合治理"这一任务下,街道上下的一线维稳干部都被动员起来参加疏解工作组。深度访谈的受访者还包括市级、区级层面的相关干部。在焦点小组访谈中,笔者分别对 H 街道疏解工作组成员、J 商城商户代表、J 商城市场方代表进行了共 5 轮的焦点小组访谈,希望通过对疏解案例中不同参与主体的调研,更加完整地呈现这一社会稳定风险情境的全貌,也在与他人的互动中更深入地理解基层干部的行为动机和行为逻辑。在访谈方式方面,深度访谈与焦点小组访谈均采用半结构化的访谈方式,开放性地收集信息,以对"故事"的全貌进行快速而全面的了解,并在后期有针对性地进行追问。

通过多种资料收集方式,笔者收集的案例研究资料既包含了历史性的档案文件资料,又包括了笔者当时亲历的参与式观察资料和访谈资料;受访对象既包括作为主要研究对象的基层干部,又包括上级市、区党政机关的干部,以及街道属地内的利益相关群体。这样,就为案例分析构建真实、全面的案例情境打下了基础,以力求尽可能完整地还原基层干部所面对的行政体系压力以及属地公众压力这一风险情境,多维度地探索基层干部的真实心理过程和行为逻辑。

4.2 案例背景

4.2.1 E市"城市综合治理"专项行动

E市长久以来面临着"大城市病"的困扰,急需进行城市整治提升。2017年,E市市委、市政府编制了《E市总体规划(2016—2035年)》(简称《总体规划》),对"城市综合治理"工作初步作出了部署,指出E市规划建设的总体目标是以疏解整治为重点提升治理水平。为了实现这个发展目标,E市在当前和今后一段时间内的关键任务是以城市治理为中心做"减法",把产业疏解、城市综合整治与人口调控紧密结合起来,把城市空间腾退与城市功能提升对接起来。

对接《总体规划》的要求,2017年1月E市出台了"城市综合治理"专项行动的实施意见(简称《实施意见》),决定于2017—2020年期间,在全市范围内组织开展"城市综合治理"专项行动,并对专项行动的工作内容进行了具体的部署,即疏解区域性专业市场、疏解部分医疗教育等公共服务职能、疏解高污染企业、城市综合整治等多项任务。其中,疏解区域性专业市场是重点、难点任务之一。大型批发市场、物流基地、大宗商品仓储地等区域性专业市场不符合E市总体规划的产业定位,需要推动疏解清退,引导有序外迁,腾退的空间服务于E市的产业升级和未来规划。在"城市综合治理"专项行动的组织实施方面,各专项任务由分管副市长牵头,并分别指定了相关的牵头部门。《实施意见》明确要求了各专项任务的完成时间,各层级、各区域的具体任务量,以及监督检查方案。而在具体的任务落实方面,《实施意见》要求落实属地责任。对于疏解区域性专业市场这一任务而言,虽然市商务委在名义上是牵头单位,但疏解任务实际上是由市场所在属地的各街道、乡镇来具体负责的。[①]

---

① 访谈记录 A-01、A-02。

对于"城市综合治理"专项行动的任务目标,根据《实施意见》,一方面,是要根据《总体规划》的要求,优化提升城市核心功能,有效提升区域人居环境和发展水平;另一方面,则是要在推进综合整治和优化提升的同时,统筹改革、发展和稳定的大局,确保社会的和谐稳定①。事实上,功能疏解引发的社会矛盾和社会不稳定因素早在 2016 年就引起了 E 市市委、市政府的关注。2016 年 2 月,E 市专门制定了《关于加强疏解功能重大决策社会稳定风险评估工作的意见》,规定在综合治理行动中,凡是直接关系人民群众切身利益、容易引发社会稳定问题的重大政策、重大项目,在作出决策前必须进行社会稳定风险评估。其中"引导退出区域性物流基地、区域性专业市场等部分第三产业"涉及多方利益主体,存在社会稳定风险隐患,必须严格开展风险评估工作。这表明,自 2016 年以来,疏解区域性专业市场所涉及的社会稳定风险已经受到党委和政府的关注,并试图通过加强对社会稳定风险的研判和预警,最大限度从源头上预防和减少社会不稳定因素。因此,在"城市综合治理"专项行动的全过程中,维稳任务始终是与疏解整治任务相伴相生的重要工作任务,关系着专项行动的成败。

4.2.2　F 区在"城市综合治理"专项行动中的位置

在《总体规划》中,F 区处于全市发展的关键性位置。首先,F 区是大型区域性专业市场的传统聚集地。根据《总体规划》,F 区应建设成为创新型的金融科技商务区、生态建设示范区以及历史文脉保护区。而实现这个目标就需要对不符合 F 区新定位的落后产业进行疏解和清退,为产业升级和区域创新发展腾出空间。

《总体规划》对 F 区的转型升级提出了更高的要求,其"城市综合治理"任务尤其繁重,而这也受到了 E 市领导的高度重视。2018 年 6 月,E 市市委书记专门前往 F 区调查研究,针对 F 区城市服务能力不足、功能和产业有待提升的痛点、难点问题,进行系统的研究判断②。此后不到一个月,2018 年 7 月《促进城市××地区加快发展行动计划》在市委常委会议上通过。该计划对 F 区所在的地区有了更高的定位,表示既要将其建设为绿色生态

---

① 《实施意见》要求,"要切实维护群众利益,把'城市综合治理'专项行动与改善民生紧密结合,确保社会和谐稳定"。

② 根据 2018 年《E 市日报》整理。

轴,改善地区人居环境,又要打造文化轴,构建文化交流的平台。为此,作为"城市综合治理"专项行动的重点区域,F区需要落实自身在总体规划中的职责,重点推进对大型区域性专业市场的有序疏解,并对区域环境进行整治提升。

4.2.3　H街道概况

H街道位于F区东部,下辖28个社区,辖区面积9.56平方公里,与N乡6个行政村交错,是典型的城乡接合部①。如图4.1所示,H街道距E市行政中心直线距离仅7千米。随着地铁线路的开通,H街道与核心区的联系更加紧密,H街道的治理状况和社会秩序直接关系着城市的安定。

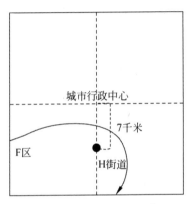

图4.1　E市中心城区示意图

资料来源:笔者自制。

H街道推动"城市综合治理"所面临的状况十分复杂。首先,街道辖区的地理位置以及复杂的人员结构,给社会管理带来了很大的难度。在改革开放之初,H街道最先引入浙江温州商户,扶持市场批发业态,使得H街道地区成为E市改革开放的一个窗口。在H街道辖区内有22个轻纺、服装、鞋业、小商品批发商市场,有外地人居住的10个大院,日客流量上万人,地下空间159个,建筑工地21个②。人员结构复杂和外来人口压力给H街道的城市管理特别是综治维稳工作带来了很大的压力。

---

① 根据E市F区人民政府政务公开专栏整理。
② 《H街道J商城疏解社会维稳风险分析报告》。

第二,H街道曾发生过重大社会不稳定事件,负面舆论影响持续至今。2013年5月,安徽籍女子Y某在H街道辖区内的J商城内坠楼身亡。案件发生后,据警方调查,判定为自杀。然而,网络上充斥大量谣言,造谣该女子为他杀,导致该案引发社会关注。Y某身亡5日后,J商城门前发生大量人员聚集,多为其同乡。后经E市公安局调集警力前往处置,疏散人流,该事件得以平息。然而,此事造成了恶劣的社会影响,损害了政府公信力,也使得H街道成为各级党委政府重点关注的社会矛盾多发地区。

第三,H街道是F区乃至整个E市城市功能疏解的重点区域。此次升级改造需要疏解不符合城市发展规划定位的产业和业态,为生态建设示范区和文化发展保护区建设腾出空间。在这个区域需要疏解的大型专业批发市场共45家,其中H街道辖区就占了22家。

如表4.2所示,H街道辖区内的22家大型专业市场涵盖了服装、鞋帽、皮革、配件等批发业态,均属于重点疏解改造对象。根据笔者的不完全统计,2015年22家市场共有摊位数14001个;至2018年,待疏解摊位达15761个,不降反增,待疏解商户13867户,疏解任务难度巨大。同时,涉及的利益相关群体包括22个市场的市场投资运营方,以及超过1.5万商户,其间产权关系、利益纠纷复杂。总之,H街道的地理位置、人员结构[①]和产业状况,使其在"城市综合治理"中面临严峻的挑战。这构成了H街道基层干部行为的高社会稳定风险情境。

表4.2 H街道待疏解市场情况

序号	市场名称	疏解前摊位数 (个)(2015年)	待疏解摊位数 (个)(2018年)	待疏解商户数 (户)(2018年)
1	X鞋城市场	340	340	340
2	F国际鞋城市场	500	350	350
3	HM网批	缺失	70	70
4	D窗帘批发城	60	120	120
5	H纺织品批发市场	693	693	560
6	Z轻纺市场	500	280	280
7	F国际商贸城	948	1248	1055
8	T南侧"灯具三厂"	缺失	缺失	缺失

---

① H街道《M鞋城工作简报(8.30)》。

续表

序号	市场名称	疏解前摊位数 (个)(2015年)	待疏解摊位数 (个)(2018年)	待疏解商户数 (户)(2018年)
9	F科技广场	550	615	562
10	T国际轻纺城	415	415	280
11	B世贸轻纺城东门大厅	缺失	缺失	缺失
12	B世贸轻纺城	1000	缺失	503
13	Z裘皮辅料批发市场	400	514	514
14	J家居市场有限公司H街道店(建材)	缺失	4000	3675
15	S皮革城	2700	0	0
16	D综合市场有限公司	1021	1021	976
17	J商城	2000	2693	1634
18	HS广场	416	500	500
19	XS服装大厦	906	1480	906
20	W服装配件早市	缺失	缺失	缺失
21	TY服装大厦	712	1156	1156
22	M鞋城市场	840	264	386
合计		14001	15761	13867

资料来源:根据H街道工作台账整理。

4.3　M鞋城关停案例

4.3.1　M鞋城概况与政策的变动

M鞋城,即表4.2中的M鞋城市场,位于E市F区H街道办事处西侧,市场投资运营方(简称市场方)是E市M鞋城市场有限公司。M鞋城于2013年8月开业,占地2.6万平方米,建筑面积5万余平方米。其中,1.05万平方米为2003年根据政策法规,通过内部加层改造并经过规划部门验收合格的合法建筑,取得了规划验收合格证,1.6万平方米为加盖的违法建筑[①]。

2017年,M鞋城原定的疏解方式为升级改造,升级完成后M鞋城的市场经营模式将由批发业态升级为品牌展示、网络订单、服务周边消费零售等

---

① H街道《H街道关于M鞋城和J商城情况的报告(数据更新版)》。

业态。按照 F 区市场疏解的标准，M 鞋城原有的 840 户商户在升级改造后将保留 385 户，租金为每月每平方米 120 元，剩余租期至 2018 年 12 月。2017 年 12 月，市场升级改造工作正式启动，封闭市场 A 区进行升级改造，原 A 区中的 265 户商户暂时安置在市场 B 区零售经营，其余 120 户每户交付 10 万元升级改造意向金后，去向不定，未实地经营。该市场的全部仓库和配套物流已经外迁，从根本上杜绝了现货批发业务。经工商部门核算，截至 2018 年 4 月，M 鞋城共有 264 户商户，其中 3 户暂停营业（暂未办理撤市手续）。

2018 年 6 月初，根据全市"城市综合治理"工作的新要求，对 M 鞋城的疏解政策由升级改造调整为彻底关停。H 街道作为属地，需要落实属地责任，是 M 鞋城关停工作的责任主体。H 街道办事处以及党工委最重要的任务就是在完成市场关停任务、保证不存在任何经营活动与经营业态的情况下，圆满解决各方经济纠纷与利益诉求，确保辖区社会稳定。

4.3.2　高社会稳定风险，刚性维稳压力

由于疏解任务的特殊性与复杂性，时任 H 街道基层干部事实上被置于一个高社会稳定风险与高政治压力的情境下。

第一，政策变动导致商户利益受损。此前的政策是对 M 鞋城进行升级改造，等待升级改造的 385 户商户已经向市场方交了每户 10 万元的意向金，且鞋业经营存在较强的周期性，商户提前备料、备货，多数商户已提前订购秋冬季货品，支付了比例不等的订金或定金，库存商品较多，积压资金较多。2018 年 6 月的关停指令使疏解时间与销售周期难以完全衔接，商户库存商品没有充分时间进行消化，资金无法回流，利益链断裂。

"所有那些钱，拿来用于下一步整个市场的建设，这些钱都投入了……所有的利益链全部断了。然后这时候就是咱们街道办事处呢，还得把这个市场予以关停，我就说当时面临的这种风险程度特别大。"①

政策的变动意味着政府失信，商户不理解政策，出现强烈的抵触情绪。加之，M 鞋城的商户及相关从业人员总体受教育水平偏低，对疏解工作认识不足，片面解读政策，情绪容易冲动、激化、走极端，甚至容易以较为极端

---

① 访谈记录 C-01。

的行为与政府进行对抗。

自鞋城商户得知市场关停的消息开始,商户为了表达继续进行改造升级和获得赔偿的诉求,开始上访、大规模群体访,甚至越级上访、规模性聚集,给 H 街道带来巨大的维稳压力。如果这种形势继续下去,可能带来:一是商户继续集体到街道、区、市信访部门合理表达诉求,增加接访和维稳压力;二是商户集体聘请律师诉诸法律途径,延长疏解时间,增加疏解成本,承担败诉风险;三是其他不可控因素导致商户情绪失控,甚至可能会引发恶性的群体性事件。

第二,市场方利益受损,态度消极,不愿配合政府工作,甚至煽动商户抵制疏解工作,将矛盾转嫁到街道。由于市场的升级改造,M 鞋城有限公司前期对市场基础设施建设已投入资金 1 个多亿,完成升级改造近 80%,一旦鞋城关停,其经济利益、未来年度预期收益都将受损,从而导致其对疏解工作的抵触、不配合,甚至对立。

"商户他们闹得最凶嘛,市场方他为什么不闹,地和房子是他的,商户往里投了钱(意向金),这钱我不退给他,他不就得折腾,他就借着商户这个折腾来完成他自己这个(目的)……"①

"所有的这些到最后市场都把电断了,这是我们没想到的……这些商户全出来,店里黑了,看不见了,然后商户的情绪就开始不稳定了,到大门口开始撕条幅,砸那个关停的牌子……"②

同时,市场方拥有一支自己的安保力量,平时用以保护自己的权威,维护市场的稳定。如果强行关停,存在与政府发生冲突、发生恶性暴力抵抗事件的可能性。

第三,M 鞋城的地理位置与人员结构,使得社会稳定形势更加严峻。M 鞋城位于 H 街道办事处西侧,附近密布二十余家大型专业批发市场,距城市行政中心直线距离不到 7 千米。这样的地理位置使得群体访、规模性聚集等不稳定事件直接威胁城市核心区的稳定。加之,M 鞋城的商户与其他大型市场商户多为同乡,一旦和附近其他市场串联起来,则事态可能会扩大化。

---

① 访谈记录 C-09。
② 访谈记录 C-03。

"……很多情况是什么呢,这个人在这儿有买卖,在那儿也有买卖,不只在一家市场有,都有摊位,而且都是老乡,他形成串联那整个地区就没法办了。"①

第四,在上述高社会稳定风险情境下,H街道承担着维稳的巨大压力。作为属地的街道在维稳中最大的任务是将矛盾化解在属地,将不稳定人员和不稳定因素吸附在属地,不能将事态扩大化。一旦事态扩大,特别是出现恶性事件,H街道时任党政领导班子将面临被问责的风险。

"我们必须在街道把事情化解掉,把人吸附在属地。"②

"整个商务新区这些区域的这些一把手,没有不时刻在位的,离开太久,一出事那肯定第一先追责的就是书记。"③

综上所述,对M鞋城的疏解隐含着巨大的社会稳定风险,同时,M鞋城所处的特殊地理位置及特殊的人员结构又加剧了这种风险。H街道基层干部作为属地的责任主体,处于压力型维稳体制的末梢,直接面对上级的维稳问责压力及属地公众的压力。以上就构成了H街道基层干部在M鞋城疏解案例中面临的社会稳定风险情境。

4.3.3 时任街道领导班子的应对

面对严峻的形势,自2018年6月初接到关停的指示直至7月初,时任H街道党政领导班子并未采取积极的应对手段,具体表现为:

第一,H街道并未立即采取有效措施深入市场和商户启动关停工作,以化解潜在的社会矛盾和风险,而是用文件来落实文件,用文牍主义的"做作业"方式进行观望,对上级使用"拖延战术",对市场方采取"推脱战术"。

笔者整理了2018年6月H街道与疏解工作相关的会议的内容。H街道在四次疏解工作例会中安排部署的都是其所负责疏解的19家市场的数据统计、资料汇总工作,督促各市场及产权方填写统计数据、提供证明文件、汇总问题情况。这种在文本上下大功夫、大费周章的做法,事实上是对上级使用的"拖延战术",并没有真正将工作做到实处。

---

① 访谈记录 C-08。
② 访谈记录 C-02。
③ 访谈记录 B-02。

仅有的一次专门针对 M 市场疏解的正式会议距关停指示已过去两周左右,会议的主要目的是对市场方进行督促,并向市场方提出了腾空违法建设、做好商户退赔和突发问题处理、保证疏解平稳有序、负责做好维稳和安全工作等要求。实质上,H 街道这种做法是将 M 鞋城的市场方作为了疏解关停的责任主体,将疏解、安置、维稳等责任推脱到市场方头上,却没有解决市场方与商户抵触关停的根源性问题。

第二,2018 年 6 月,H 街道没有较好地控制住属地的社会面稳定形势,市场方与商户多次发生群体访与越级上访事件,且社会上出现了负面网络舆情报道。作为属地的街道、乡镇,最重要的维稳责任就是将不稳定人员和不稳定因素吸附在属地,避免出现跨区上访、规模性聚集等事件。而 H 街道面对政策调整后的高社会稳定风险形势,并未采取有力措施进行维稳。仅 6 月上旬就发生规模性越级上访 2 次,影响了市区的社会稳定。与此同时,从 2018 年 5 月底开始,陆续有媒体报道,包括 M 鞋城在内的 H 街道多家已疏解的批发市场"死灰复燃",恢复了批发业态,隐蔽招商营业,是"假疏解""假升级",H 街道作为属地政府面临公信力危机[①]。

面对可预见的社会稳定风险,为什么 H 街道时任领导班子的应对行为会如此消极被动呢?

第一,街道与上级市、区政府之间存在信息不对称,而疏解政策的变动加剧了信息不对称情况下作为代理方的街道对作为委托方的上级政府的不信任。自 2015 年以来,F 区的市场疏解政策和标准一直不够明朗,在关停和升级改造的标准上主观随意性比较大,在执行中也存在政策反复,对于已确定升级改造的市场又实施关停,是一种"来回拉抽屉"行为。在这种情况下,H 街道不能明确上级的意图,对上级的指令不够信任,认为 M 鞋城关停一事还存在讨价还价的空间,政策可能还会发生变化。而文牍主义的"拖延战术",是 H 街道时任领导班子认为当时最好的应对方式,既可以显示做了一些工作,又可以争取时间继续等待下一步有没有更明确的关停信号。

第二,下达关停指令时 F 区并未明确必须关停的截止日期,这再一次使 H 街道时任领导班子印证了自己的猜想,导致 H 街道时任领导班子存在侥幸心理,认为可以在观望拖延之中等待更明确的指示。再者,时任街道领导班子判断关停鞋城带来的社会稳定风险很高,如果立即强行关停,则失信于市场商户的 H 街道可能会付出极大的维稳代价,倘若维稳力度稍有偏

---

① 根据 2018 年《E 市晨报》《中国经营报》相关报道整理。

差,便会引起更大规模的反抗,面临更大的维稳风险。

如果说拖延战术只是一时的应对选择,那么,为什么当2018年6月已经出现事件升级后,H街道仍不采取积极的应对措施呢?

H街道时任领导班子认为,越级上访可以给上级政府带来一些外部压力,只要是合法的上访渠道,不造成恶性事件,个别几件越级上访反而有助于推动政策的明确和事件的解决。基于此,虽然意识到了关停政策面临的高社会稳定风险,H街道也并未采取刚性的措施将不稳定人员完全吸附在属地。

> "我希望他冷静地合法地去反映自己的诉求,为什么呢,两边这两条腿走路,我们在谈,他们也在往前推,我们形成一个合力,目的都是尽快地很好地解决这个事儿……"①

那么,我们不禁要问:为什么"一票否决"的维稳问责压力没有促使H街道时任领导班子采取积极的社会稳定风险应对行为呢?

一方面,F区近几十年来还未出现过因社会稳定问题被"一票否决"的干部。"一票否决"的压力型维稳问责制度在基层执行时是有弹性的。对于"一票否决"的标准,并没有一个明确的规定。因此,基于对F区政治生态的经验观察,F街道时任领导班子并未感到问责压力大。

> "其实,一票否决是很少见的……更早一些的时候,计划生育方面有过(一票否决),综治维稳这个这些年在E市没有。"②

另一方面,当面临更高层级的维稳考核时,F区政府与街道是一个利益共同体。只要在没有破坏稳定的大局、没有产生强烈的破坏性影响的限度内,区政府就有可能默许街道的某些不作为行为。因为,一旦街道领导班子被问责,由于责任的认定有连带性,F区领导也可能被追究领导责任。

因此,客观制度层面的问责压力与基层干部实际的问责感知之间是存在差异的。虽然压力型维稳体制之下存在高强度的问责制度,但是"一票否决"问责制度的具体落实并不是铁板一块。要不要对一个干部问责,也存在

---

① 访谈记录 D-02。
② 访谈记录 B-02。

多重因素的考虑。因此,在这种高社会稳定风险情境下,"一票否决"的维稳问责压力在实际执行中被消解了,问责制度并未能激励 H 街道基层干部采取积极的社会稳定风险应对行为。

4.3.4 契机:明确的政治命令与新班子的上任

自 2018 年 6 月市委书记前往 F 区调研至 2018 年 7 月市委常委会议通过《促进城市××地区加快发展行动计划》,不到一个月的时间内,H 街道发生了领导班子的更选。2018 年 6 月末 H 街道党政领导班子被集体调离,虽然辖区内发生了大规模群体上访、越级上访等问题,但领导班子并没有被"一票否决",而只是平级调动。如前文所述,由于政策"来回拉抽屉",原街道班子已经失信于市场和商户,很难再展开工作。因此,调整干部在此时成为一种必要,是在更大程度上考虑如何配置 H 街道的领导班子才能继续推进 M 鞋城的关停工作。

2018 年 7 月 H 街道新班子正式上任。新任党工委书记是原 F 区 Y 街道党工委书记,Y 街道在《总体规划》中是万亩森林湿地公园规划用地,需要进行棚户区改造,新任党工委书记在 Y 街道任职时,在四个月内成功推动了 500 余户搬迁,对于疏解整治工作具有丰富的实战经验。分管 H 街道综治维稳的新任党工委副书记来自 F 区法制办,有着丰富的处理产权关系法律纠纷问题的经验,也是在近年来的实战中脱颖而出提拔较快的年轻干部。

尤其是新任党工委书记,作为土生土长的 F 区本地人,亲眼见证了 F 区近几十年的巨大变化,特别是参与了近年来城市综合治理的具体工作,不仅具有丰富的实战经验,还十分认同此项工作的意义,认为综合治理前后 F 区人居环境变化巨大,整洁安定有序的环境对居民来说是一大利好,自己的工作十分见效。

"当时我在 N 街道当书记的时候,他们要棚改,W 书记找我谈话,主要是说万亩森林湿地公园,那块推棚改很难,从 2009 年一直到现在九年都推不动。我当时去干了这几个月,最后四个月大概推了 500 多户,总共是一千多户,这个速度还是很快的。"①

"因为本身就住在这儿这么多年,原来五点下班,我五点半才从那走,因为(太早的话)走不过来,全是人,推货的、推车的。现在下班没什么人,溜达

---

① 访谈记录 C-01。

着就回家了,所以看着少了这么多,我觉得我也尽一份力是吧,还是很有成就感。"①

新任领导班子上任的同时带来了 F 区关于 M 鞋城疏解的最新要求:第一,新的原则是 H 街道内的鞋类经营的市场全部关停;第二,根据城市总体规划和地区发展的新趋势,以及全市"城市综合治理"工作的新要求,M 鞋城最晚于 2018 年 8 月 30 日前必须正式关停;第三,时值某重大会议将于 2018 年 9 月初在 E 市开幕,M 鞋城的疏解必须将社会面的稳定放在首要位置②,尽最大可能将人员吸附在属地,化解社会矛盾,确保疏解工作平稳有序、依法依规,不能引起骚乱。

至此,明确的命令和新班子的上任使得推动 M 鞋城关停的工作出现了新契机。从 2018 年 7 月 5 日至 8 月 30 日,在不到两个月的有限时间里,新任党政领导班子举全街道之力集中解决 M 鞋城的关停问题,积极应对社会稳定风险。

1. 以工作组为主体的目标责任制

为了最大可能地动员街道的资源,将街道有限的人力集中用于短时间内关停 M 鞋城,新任党政领导班子的做法是打破科层结构中各机构和各部门之间的界限,按照任务要求统一安排成各个工作组,采取分片、分组包干的目标责任制,层层压实责任,任务落实到组,以任务为导向来配置人员和资源。对于新任的党工委书记来说,这也是他在 N 乡、Y 街道任职推行棚户区改造时的经验和一贯做法,即积极主动地整合资源,集中攻破目标。因此,面对 M 鞋城这一棘手问题,新任党工委书记的自主性很强,第一时间选择立即采取工作组的模式,统筹任务的安排。

"我是 7 月 2 号在这个街道报的到,7 月 5 号正式(上任)然后就开始跟我们主任一块拿相应的方案,当天就成立了四个工作组,后来又增加。"③

第一,在对于关停任务的统筹方面,H 街道成立了 M 鞋城疏解指挥部,

---

① 访谈记录 C-01。
② 《H 街道 M 鞋城工作组每日工作简报(7.5)》。
③ 访谈记录 C-01。

由街道党工委书记、办事处主任牵头。如表4.3所示,指挥部下设了秩序控制组、应急保障组、综合执法组、商户工作组、宣传工作组、信访接待组、后勤保障组七个工作组,每组组长由一名街道副处级领导担任,组员为机关、社区抽调干部和区指挥部派驻的干部。这样,就将街道各部门分散的职能整合起来,集中服务于M鞋城关停一事。

表4.3 M鞋城关停工作组织机构

工作组	组长	成员
秩序控制组	办事处副主任、派出所所长、办事处副主任(公安专职)	安全办、城管科、城管分队、行政办、派出所、交通大队
应急保障组	办事处副主任、消防中队队长	消防中队、派出所、卫生服务中心、木材厂职工医院
综合执法组	工商所所长、工会主席	工商分局、城管执法局、消防支队、安监局、税务分局
商户工作组	武装部部长	M鞋城现场工作组
宣传工作组	办事处副主任	宣传统战部
信访接待组	办事处副调研员	社区抽调干部
后勤保障组	办事处副主任	社区抽调干部

资料来源:根据《H街道M鞋城关停工作安排》整理。

第二,成立现场工作组,反复摸排调研,及时发现不稳定因素。如表4.4所示,成立M鞋城10个现场工作组,小组组长由街道机关科级以上干部担任,组员包含机关干部、社区骨干和区疏解指挥部办公室骨干。其中,第1小组至7小组分别负责相应经营区域内的商户工作,第8小组负责未实地经营的120户商户工作,第9小组(综合组)负责加强内部政策指导、统一口径、信息汇总及后勤保障,对商户疑难问题和矛盾进行政策解释和矛盾调解,第10小组(签约组)负责协助办理商户签约工作。各工作组的任务是每日实地走访摸底调查,及时了解市场方和商户的思想动向和主要诉求。包括逐层逐户填报商户信息核对表,建立商户台账,了解了每户商户的摊位面积、租金、搬离日期和去向等,对获赔诚意金和租金就愿意离场、坚决不愿离场或犹豫观望的商户进行分类摸排,对工作中发现的新情况列出问题清单并分类研究。重点关注未签约、未离场商户和市场方的动向,及时发现和上报不稳定因素。

现场工作组对于关停中的维稳工作起到了重要的作用。一方面,每日每户摸排走访,做好商户问题答疑及矛盾调解工作,可以收集舆情信息,及时发现不稳定因素。另一方面,现场工作组通过做群众工作,解答政策疑问,耐心安抚商户情绪,积极化解了矛盾冲突。这样,不稳定人员和不稳定因素就被吸附在了属地,避免了商户大规模越级上访事件的发生。

表 4.4 M 鞋城现场工作组

现场工作组	组　长	责 任 区 域
第 1 小组	城管科科长	经营区域 01
第 2 小组	行政办主任	经营区域 02
第 3 小组	工会副主席	经营区域 03
第 4 小组	团委书记	经营区域 04
第 5 小组	安全办主任	经营区域 05
第 6 小组	工委办主任	经营区域 06
第 7 小组	妇联主席	经营区域 07
第 8 小组	文教科科长	未实地经营商户(120 户)
第 9 小组	综合组	
第 10 小组	签约组,与资金结算组人员一并安排	

资料来源:根据《M 鞋城现场工作组工作方案》整理。

"最重要的一个就是我们成立几个工作组去摸情况,这样一下就把市场这些商户给稳定到市场……"[1]

"我们成立了几个工作组下去,了解了一些商户的诉求,无形当中就把鞋城的这些商户稳固到这个市场里……"[2]

"党员同志带头想办法出主意,在工作中不断地变化思路,摸索方法,寻找话题,与商户聊子女教育、谈投资理财、讲体育赛事、问美容健身……通过一系列行之有效的方法终于打开了商户的'心门',商户们也转变了之前的焦躁和不满的态度,愿意跟我们吐露心声,谈自己对市场关停的想法和真实诉求。"[3]

第三,8 月 20 日起,H 街道开始进场关停,对于进场后的现场应急维稳,也通过工作组的形式动员资源。如表 4.5 所示,H 街道专门成立了应

---

[1] 访谈记录 C-02。
[2] 访谈记录 C-04。
[3] 《加强党建引领 勇于担当作为——M 鞋城关停总结》。

急处置领导小组,由党工委书记和办事处主任牵头担任组长,将现场应急处置分为秩序维稳、企业对接、交通疏导、医疗救助、宣传引导、后勤保障、应对突发事件、监督执纪、司法援助等9个工作组,由街道副处级及以上的干部担任每个组的组长,统筹各科室资源分配维稳责任。比如,秩序维稳组的主要责任是配齐备足消防救援装备,对可能发生的极端事件做好防范应对准备,及时对煽动、挑衅、行为过激或实施暴力抗法的人员依法劝阻和处置。交通疏导组的主要责任是适时对道路交通进行疏导,确保交通通畅,必要时向上级请示进行临时交通管制,按照要求调度有关救援车辆出入,防范规模性聚集、占道等行为。根据事先研判的可能会出现的社会稳定风险,工作组都进行了部署与安排,有助于及时有效地处置可能发生的规模群体性事件或个人极端事件,维护M鞋城关停期间辖区内社会秩序的稳定。

表4.5 M鞋城关停维稳工作安排

工 作 组	组 长	责 任 科 室
秩序维稳组	办事处副主任、办事处副主任(公安专职)、派出所所长	派出所、消防中队、城管分队、工委办、综治办、信访办、司法所
企业对接组	武装部部长、工会主席	M鞋城工作组
交通疏导组	办事处副主任	交通大队、安全办
医疗救助组	办事处副主任	文教科、医院
宣传引导组	党工委副书记	宣传统战部、疏解办
后勤保障组	办事处副主任	行政办、财政科
应对突发事件组	办事处副主任	派出所、城管科
监督执纪组	纪工委书记	派出监察组
司法援助组	武装部部长	司法所、特派法律顾问或律师

资料来源:根据《M鞋城疏解法制应急维稳预案》整理。

2. 随维稳任务发包的资源

H街道新任领导班子面临的是一个拥有极高社会稳定风险的疏解任务且要求在重大会议开幕前完成,事实上,即使动员全街道的力量,也是远远不够的。因此,上级的重视,特别是资源上的支持尤为关键。

第一,在H街道新班子上任的同时,M鞋城关停工作得到F区的高度重视和支持。在推动M鞋城关停工作的两个月里,区委政法委书记与区疏解指挥部主任亲自推动并靠前指挥,及时协调资源、解决问题。M鞋城关停的最大矛盾是资金问题,商户的诉求是退还交给市场方的升级改造意向金(每户10万元,共3850万元)以及未到期的租金,而市场方认为前期升级改造已投入大量资金,不愿退还,商户拿不到赔偿不愿意退场,僵持不下。

"这个(资金)难度确实很大……我们(街道)是没有钱,但是8月20日入场,8月30日关停,这么短时间内要完成,区里面也重视,肯定要支持。"①

8月2日,F区委政法委书记与区疏解指挥部主任、副主任共同参加了接待来访的M鞋城商户代表的座谈会,会上深入了解了商户的主要诉求,特别是赔偿和退款问题。鉴于市场方拒绝配合疏解,以及M鞋城关停时间日益临近,在8月20日正式进场关停前,F区委政法委书记最终拍板确定了方案,即,通过债权转让,委托第三方区城建开发公司(区属国企)先行垫资,将意向金和未到期租金支付给商户,第三方公司作为债权人,再向市场方主张相关债权②。这样,可以快速安抚商户,与商户达成清退签约协议,保证鞋城的如期关停。F区委政法委书记在协调联系第三方国企的过程中起到了关键性的作用,在高度时间约束的条件下确保了解决问题的资源充足。

"因为(政法委)书记是在现场指挥部……我们有什么事儿,该汇报汇报,然后包括我们说到补偿的事,说是市场方不出资,你不给钱,商户怎么走,最后咱们区里头按照债权债务委托,是第三方区开发公司拿出了资金来作为补偿,然后才把这事儿(解决)。"③

第二,商户希望能继续经营,减少损失,因此疏解任务还包括妥善安置商户的工作,需要帮助商户联系承接地,才能推动商户平稳快速腾退。承接

---

① 访谈记录C-03。
② 具体流程是:(1)区委区政府委托第三方主体进行清退工作;(2)第三方主体聘请律师起草债权转让协议书、债权转让告知书、放弃权益声明等法律文件;(3)由行政司法机关主持,商户与第三方主体通过人民调解程序,制定人民调解协议书,对上述文件进行确认,并将债权转让告知书送达市场方;(4)第三方主体取得债权,将相关款项支付给签约商户;(5)第三方取得相关债权后,可通过司法途径依法向市场方主张相关债权。
③ 焦点小组访谈记录C-08~C-12。

地的问题涉及城市功能疏解与区域协同发展的关系问题,也远远超出了H街道能解决的资源范畴。对此,F区积极推动联络承接地,甚至区委书记多次率队考察周边地区,对接商户承接地。

"不能完全要堵,还要疏堵结合,所以说第一要给他讲清楚现在面临的发展的前景,第二要有一个对接的方式,进行对接,减少损失,从他的角度换位思考。"①

"咱们就通过区指挥部,联系周边区域……"②

第三,创新基层工作机制。为解决基层权责不匹配的问题,F区出台了《助推城市综合治理工作方案》,为街道、乡镇赋权,增进其统筹协调各职能部门形成合力的功能。针对市场疏解问题,由街道、乡镇吹哨,区指挥部、区委政法委、区商务委、区法制办、区司法局、区委政法维稳部门、区信访办、区流管办、区公安分局、区城管执法局、区工商分局、区安监局、区国税局、区地税局、区房管局、区消防支队等部门报到,成立协调组对接疏解工作涉及的市场,负责市场的疏解关停工作,同时做好相关市场产权方的协调工作,收集社会稳定风险相关信息,分析维稳工作的重点难点,为下一步工作提供决策参考。在M鞋城的疏解中,H街道充分利用这一机制,联合工商、税务、安监、消防、公安等部门每日对鞋城内部开展执法检查,宣传疏解政策,了解、安抚、稳控商户情绪。

"还有就是各部门的这种通力合作、密切配合……包括各执法部门……包括后期的第三方法制办律师,司法,所有这些部门,就直接在一线吃盒饭,都不回街道吃饭,还好通过大家努力把这事办成了。"③

综上所述,经过自上而下的动员、H街道目标责任制的任务分配,以及随任务发包的F区各方资源的配合,M鞋城于2018年8月30日如期关停,商户全部清退,实现了平稳有序疏解的目标。

---

① 访谈记录C-02。
② 访谈记录C-05。
③ 访谈记录C-03。

"8月25日正式启动M鞋城关停清退工作,8月30日实现了市场关停,9月6日启动了商户清退工作,9月20日完成了市场清场,9月21日实现了商户签约率100%、撤场率100%、结算率100%。"①

"中秋节的前夕,我们圆满地完成了鞋城疏解的任务,没有留一点后患。"②

4.3.5 小结

通过对M鞋城关停案例全过程的追踪,可以发现,在两个不同的时期,维稳任务清晰度、维稳时间约束与基层干部的效能属性感知等关键因素存在差异。同时,在对案例的深描中还可以归纳出社会稳定风险感知、资源属性感知等因素的作用。图4.2总结了M鞋城关停案例中的影响因素。

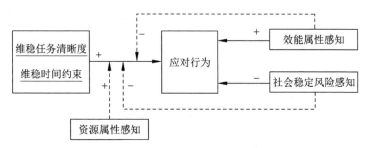

图4.2 M鞋城关停案例中的影响因素

资料来源:笔者自制。

注:"+"表示正向影响,"-"表示负向影响,实线表示直接影响,虚线表示调节作用。

2018年前后,在H街道新旧班子任职的两个不同的时期,制度环境发生了显著的变化。第一阶段,从2017年到2018年6月,旧班子时期,维稳任务变动大、政策变化、无明确的时间要求,由于委托代理关系中的信息不对称,这种维稳任务的模糊性加剧了街道干部对上级的不信任,认为贸然行动会超出合法性边界,因而采取拖延战术和推脱战术,并对社会不稳定因素采取放任态度,试图给上级施压,在观望中等待政策指示进一步的明确化。第二阶段,从2018年7月开始,新班子时期,上级给予了明确的关停指令和关停时间要求,通过自上而下的动员推动M鞋城平稳有序疏解,此时,自上

---

① 《H街道城市综合治理工作进展情况(截至10月10日)》。
② 访谈记录C-02。

而下传递的清晰政策意图使街道干部有了明确的行动目标和边界,新班子立即通过目标责任制的方式组织起来控制社会风险因素,并通过积极利用自上而下随任务发包的各方面资源化解社会稳定风险。在两个阶段的对比中可以发现,压力型维稳体制之下,维稳任务清晰度和维稳时间约束的变化对基层干部社会稳定风险应对行为具有显著影响。

同时,在两个不同的时期内,新旧班子的效能属性感知也存在明显的差异。新班子的表现说明,高效能属性感知可能导向基层干部更积极的应对行为。对于自己工作的价值感和意义感更强、对工作效果更为满意的基层干部,会更有内在驱动力去采取积极的行动来应对社会稳定风险,更好地实现工作目标。但同时,效能属性感知高的基层干部,其工作自主性很强,习惯于根据自己的工作经验和工作习惯来采取行动,因此其行为受制度环境的影响可能会减弱。相较于低效能感知的干部对于制度环境的依赖,高效能属性感知可能会减弱制度因素对于基层干部行为的积极影响。

通过对案例全过程的追踪也可以发现,维稳问责强度并未直接影响基层干部的行为。由于近年来 F 区并没出现真正被"一票否决"的干部,虽然"一票否决"的问责压力在制度层面上强度很大,但是震慑效果并不强,基层干部基于对现实政治生态的经验,问责感知较弱,且党政系统内部的同体问责存在缺陷(肖光荣,2012),可能导致上级对下级的默许。因而,在真实社会稳定风险情境中,"一票否决"的维稳问责压力在实际执行中被消解了,没有对基层干部社会稳定风险应对行为产生促进作用。

再者,通过以上对影响机制的深描,可以归纳得出,感知因素在制度环境的基本框架下对基层干部的行为产生着微妙的影响。

第一,在高社会稳定风险感知之下,基层干部并未对这种高风险进行积极的回应。如果在目标和任务模糊的状态下采取强力维稳的手段,有可能激化矛盾,在上级的政策信号不明确的情况下,基层干部不确定行动的合法性边界,害怕贸然行动会导致事态扩大化,不敢立即采取积极的应对行为去控制社会稳定风险。因此,高社会稳定风险感知会使干部产生畏难心理,可能导致基层干部行为的犹豫和拖延。

第二,高资源属性感知则不一定会负向影响基础干部的社会稳定风险应对行为。在明确的政治指令之下,自上而下启动动员模式,此时虽然干部感知到的采取有效应对行动的资源需求很大,但是他们同时也有着很强的政治敏感和经验,坚信上级会随任务发包资源来推动目标的达成。尤其是,在明确的时间约束之下,时间压力越大,上级为了推动任务完成越会重视基层的资源需求,协调配置资源,从而弱化了资源约束,有助于促进基层干部采取更积极的社会稳定风险应对行为。因此,高资源属性感知可能会增强基层干部行为对于制度因素的依赖性。

4.4 J商城疏解案例

4.4.1 J商城概况

2018年8月30日顺利完成M鞋城的平稳有序关停后,H街道新任领导班子接下来要疏解的是J商城,这也是他们此后一段时间的工作重点。相较于M鞋城,J商城的情况更为复杂。

J商城位于M鞋城西北侧,市场占地面积约1.39公顷,总建筑面约6.2万平方米,商城地上共6层,地下1层,以服装批发业务为主,兼有零售,批发零售比例约为9:1[①]。经营商品来源于E市、广东、浙江、福建等地,销往全国。J商城始建于1994年,最早由F区工商局和浙江某市工商局联合发起成立,是E市第一家大型专业服装批发市场,逐步发展成为全国知名的大型服装批发市场之一。由于建设时间早,J商城现已成为H街道几个主要市场中最陈旧的市场,也是批发业态规模最为庞大、疏解任务最重的市场。

J商城产权关系复杂。前产权人J实业公司将J大厦作为抵押物向银行贷款后,由于经营不善,无法按期偿还贷款,银行将J大厦的产权转让给HR公司。HR公司于2015年取得J大厦的产权,2016年实现了产权移交。而在此之前,前产权人J实业公司一是将J大厦的307个商铺、共6000余平方米的产权卖给了商户,使这些商户拥有了独立的商铺产权(产权户);二是签订合同,将1864个商铺长期出租给商户(合同户),并一次性收取了承租租金,承租年限分别到2044年(57户)、2034年(425户)、2020年(1382户)[②]。HR公司购买J大厦产权后,自有商铺522个,但对大厦内已购买产权和拥有长租合同的商铺,没有实际使用权和控制权,只对商铺收取物业管理费。

[①] 《H街道城市综合治理工作进展情况(截至10月10日)》。
[②] 《H街道城市综合治理工作进展情况(截至10月10日)》。

4.4.2 从升级改造到停滞

2017年,J商城共有商铺约2693个,从业人员约10000人,市场日均客流量近5万人。2017年至2018年2月,根据区委、区政府对J商城疏解的工作要求,J商城已完成疏解1939户,剩余产权户及未退租金合同商户共754户,初步确定了升级改造的意向,计划通过原址拆旧重建方式,建成区域首个电商主题品质生活体验中心,主要服务于E市市民的线上线下一体化商贸平台,打造E市最具影响力的网购配送中心、电商与设计人才集聚的创新型孵化平台。按照初定的升级改造方案,市场升级改造后,摊位数将从原有的3000个减少至700~800个。为了在维持社会稳定的前提下加快转型升级进度,2018年年初,H街道原则上同意了市场方的升级改造计划①,同时考虑到地区未来发展,向F区疏解指挥部建议,对J商城采取原址重建的方式进行升级改造,并协调相关单位予以支持②。F区在区委常委、常务副区长牵头的J商城工作专题会上也对此作出了指示:

"为协助市场早日通过升级改造验收,各职能单位应积极协调,争取市商务委、市协同办等上级部门的支持。""J商城升级改造的既定疏解方式不变,各单位要集思广益,认真研讨升级改造方案,积极谋划维稳问题工作思路,争取早日实现J商城改造升级重新开业。"③

在确定了升级改造意向的基础上,2018年2月11日,J商城先行闭市关门,市场主体营业执照被吊销,商户营业执照收齐,经营户押金全部退完,等待升级改造。截至2018年6月1日,现有产权及剩余未退租金合同商户754户,其中产权户276户、2044年合同户7户、2034年合同户220户、2020年合同户251户④。另外,J商城于2018年1月底至2月初期间收取了部分原市场经营商户意向金(定金),共计527个摊位,每个摊位2万元,合计1054万元。按照原升级改造计划,J商城将于2018年6月重新开业⑤。

如前文案例背景所述,2018年7月11日《促进城市××地区加快发展

---

① 《H街道J商城疏解工作计划(2018-03-16)》。
② 《中共F区H街道工委J商城疏解维稳工作情况通报(2018-03-05)》。
③ 《20180328J商城工作专题会会议纪要》。
④ 《J商城疏解工作情况汇报20181016》。
⑤ 《H街道城市综合治理工作风险评估报告20180731》。

行动计划》正式发布。J商城升级改造工作停止推动,重新开门变得难以明确。在前期关停和确定升级改造方案时较为顺利的J商城其社会稳定形势急转直下,成为M鞋城关停后H街道的工作焦点。

第一,相较于M鞋城,J商城的产权关系更为复杂,待疏解的商户人数多,商户利益诉求多样。已交意向金的商户比例在80%以上,要求政府协调市场方尽快退还每户2万元的意向金;产权户要求对停业期间的损失进行补偿,并强烈要求市场开门,要求政府尽快明确市场今后的走向;其他各年份的合同户也大多要求退还预缴纳的经营权费并补偿装修及升级改造费用。自政策调整以来,商户情绪不稳,出现多起聚集和上访事件。

"维权商户利用市场行业协会、商户老乡会和家族联合体,合力对抗市场方、政府开展疏解工作的行为。维权商户内部也存在小集体利益纠纷,互相竞争,商户意见未完全统一。以2034年合同户为首的商户群体每天都有聚众行为。"[1]

第二,市场方前期投入了大量资金用于升级改造,目前经营困难,资金紧张,难以承担疏解补偿和赔款,存在不支付施工款、不退还押金、强行开门营业的风险,激化了商户与政府间的矛盾。

"我们关停已经损失了今年60%的利润……希望政府尽快明确未来的发展规划,发展方向。"[2]

4.4.3 模糊的规划与H街道班子的应对

自2018年10月M鞋城关停的收尾工作完成后,J商城的疏解维稳成为H街道新任党政领导班子的头等大事。由于J商城疏解拖延已久,商户在关停期间每天都承受经济损失,情绪越来越不稳定,H街道非常希望推动J商城这一社会稳定隐患的解决,但是,不明确的疏解政策给J商城的疏解造成了极大的困难。

要想化解这种高社会稳定风险,必须推动J商城的疏解,合理清退商

---

[1] 《H街道城市疏解治理工作风险评估报告20180731》
[2] 焦点小组访谈记录F-01~F-06

户。但2018年7月《促进城市××地区加快发展行动计划》的出台并没有给出J商城疏解详细的规划方案,即,J商城下一步该往哪里走。如果要彻底关停,则需要给市场方一个明确的J商城处理方案,包括J大厦未来的功能定位、资产如何处置。如此,市场方才会不再拖延,启动对商户的退款。抑或是,如果给出方案后市场方完全拒绝,则可以参照对M鞋城的处理方式,通过债权债务委托引入第三方公司先行垫资,退款给商户,矛盾也可以被化解。无论哪种方案,都需要以上级政策规划的明确作为前提,例如明确M鞋城彻底不再保留鞋类经营的关停政策。但是,对于J商城的疏解,H街道班子面对的是一个模糊的处境,这使得他们的社会稳定风险应对行为举步维艰。

1. 任务目标的模糊性

对于J商场的疏解,是进行更严格的升级改造,还是彻底关停取消经营,其总体目标是不清晰、不确定的,这使得H街道的领导班子无法确定应该采取什么样的行动方案去完成目标,只能先行观望等待。而由于J商城与M鞋城的情况不同,J商城前期已经先行关停,因此,F区也并未将此事作为需要进行紧急动员的任务。

如同在M鞋城关停中的做法一般,从2018年10月开始,H街道新任党工委书记对J商城的疏解工作也采用了建立工作组的方式,拿出了《J商城疏解工作方案》,但是此时,工作组不再具有动员资源的效果,而是成为形式主义的文书任务。通过对《J商城疏解工作方案》与《M鞋城关停工作方案》的比对,笔者发现,《J商城疏解工作方案》几乎完全照抄《M鞋城关停工作方案》,而在实际执行中,各个工作组并未真正运转起来。

"就是因为详规没出,咱们最难受的就是详规没出,只是总规出了,下一步,他要干什么,具体能干什么,发展什么样,咱没法跟他聊,只能说以后的前景很好,但是如何去迈过这个坎,这个没有。"①

因此,面对社会不稳定因素,H街道不敢贸然采取行动进行控制,而是不断将问题进行上报,建议F区给出明确的方案。为了引起上级领导的重视,仅2018年10月H街道就向F区正式进行了4次书面汇报。

---

① 访谈记录C-01。

如表 4.6 所示,在四次书面汇报中,H 街道汇报的主要目的包括:第一,希望从区级层面成立工作组,协调各方面资源,包括相关部门的协作以及第三方的助力等,推动 J 商城的疏解;第二,向 F 区建议采取 M 鞋城关停的模式,引入第三方垫资。这实质上是 H 街道希望通过推动任务的清晰化,促使 F 区尽快选定任务目标和达成目标的路径。

表 4.6　J 商城疏解相关书面汇报材料(2018 年 10 月)

时间	书面材料	主要内容
2018 年 10 月 10 日	《H 街道城市综合治理工作进展情况》	建议优先考虑退还定金户意向金问题。在市场方不配合的前提下,建议引入第三方优先解决退还定金户定金问题
2018 年 10 月 16 日	《J 商城疏解工作情况汇报》	建议区指挥部加大对 J 商城的关注力度,从区层面组成 J 商城疏解专项工作组,负责 J 商城疏解工作;再次建议,在市场方不配合的前提下,借鉴 M 鞋城疏解模式,引入第三方优先解决退还定金户定金问题
2018 年 10 月 24 日	《J 商城疏解维稳工作情况通报》	为了有效地将各类型商户吸附在属地,使市场秩序平稳可控,建议区城市综合治理办公室协调各相关部门给予高度重视,按照各自工作职能约谈市场方,推动退款
2018 年 10 月 30 日	《关于 J 商城疏解工作的情况说明》	鉴于 J 商城历史情况特殊,各类型商户情况不一,法律关系复杂,建议引入第三方律师进驻,尽快启动合同户及产权户法律关系研究

资料来源:根据 H 街道汇报材料整理。

2. 对政策理解、解释的模糊性

由于详细的规划方案没有出台,干部对于地区总体规划的理解和解释也会因个体的差异而存在不同(周雪光,2003)。对于 J 商城的下一步规划,H 街道的领导班子一方面需要对总体规划进行领会和理解,另一方面还要对上级意图进行猜测。在这种情况下,采取应对行为就变得十分保守谨慎。

由于街道只是疏解政策的执行层面,H 街道的党政领导班子认为,街道的行为只能在政策框架内,不能在上级指示不明朗的时候对政策进行过度解读。如果 F 区的意图是视情况继续推行升级改造,或者重新研究升级改造的详细标准,那么 H 街道如果贸然采取维稳行动,强力清退商户,则可能会激化社会矛盾,造成更大的风险;如果上级的意图更偏向于彻底关停 J

商城,清除业态,那么 H 街道如果仍然按照升级改造的思路去进行维稳,与商户谈判签约,则容易走在政策前面,造成重大工作失误。

"我在和商户聊天的时候,他们问我将来 J 商城的规划发展是什么样的,我不知道,我不知道去问谁,我们没法做……现在是我说少了他们不满意,说多了我就走在政策前面了,没法说……"①

因此,由于对政策理解、解释的模糊性,在高社会稳定风险情境下,H 街道的党政领导班子认为,J 商城的疏解已经超出了 H 街道的能力范围,只能采用暂时观望的态度,等待进一步更明确的规划方案。从 2018 年下半年开始,J 商城的疏解停滞不前,在 2019 年春节前夕还出现了规模聚集事件,成为社会不稳定隐患。

4.4.4 小结

本节对 H 街道 J 商城疏解这一案例进行了详细分析。从案例分析中可以发现,在 M 鞋城关停中行为积极的街道新班子,在 J 商城疏解中变得消极被动。

如表 4.7 所示,在由同一批基层干部主导的两个疏解相似案例中,街道干部面临相似的社会稳定风险情境,以及行政体系内部刚性的维稳压力,具有相同的个体感知,但是在两个疏解案例中表现出来的行为却截然不同。

表 4.7 M 鞋城关停案例与 J 商城疏解案例的比较

疏解案例	行为主体	个体感知	风险情境	问责压力	维稳任务	时间要求	新班子的应对
M 鞋城关停	相同	相同	相似	相同	平稳关停	两个月	以工作组为主体的目标责任制;积极组织各方面资源化解风险
J 商城疏解	相同	相同	相似	相同	模糊	不明	形式主义的工作组;反复向上级书面汇报;观望等待

资料来源:笔者自制。

---

① 焦点小组访谈记录 C-08~C-12

在 M 鞋城关停案例中,上级政府给予了明确的维稳指令和维稳时间要求,通过自上而下的动员推动了 M 鞋城平稳有序疏解。此时,H 街道的基层干部立即通过目标责任制的方式组织起来控制社会风险因素,并通过积极利用随任务发包的各方面资源来化解社会稳定风险。而在 J 商城疏解案例中,原定升级改造的计划陷入停滞,未来规划不明,也没有明确的时间要求,此时由于维稳任务目标的模糊性,以及对政策理解、解释的模糊性,面对社会不稳定因素,基层干部担心激化矛盾造成更大的风险,不敢贸然采取行动,采取了观望等待的态度,应对行为趋于形式主义,用反复进行汇报的方式来引起上级对此事的重视。对这一组最大相似案例的比较,验证了制度因素的变化对基层干部行为所起的主导性作用。压力型维稳体制之下,是否具有清晰分解的任务,以及是否有时间约束,对于干部的社会稳定风险应对行为有着显著影响。

在对 J 商城疏解案例的深描中,可以再次归纳出高社会稳定风险感知对于基层干部应对行为的消极作用。在对社会稳定风险的高感知之下,基层干部并未采取积极行动,一方面,是由于在信息不确定和任务不清晰的状态下,贸然行动会激发更大的风险,另一方面,是由于在面对极大的社会稳定风险时,基层干部倾向于认为这超出了街道层面所能解决问题的范畴,因而选择观望等待。由于"不敢为"和"不能为",高社会稳定风险并不能导向积极的应对行为。

4.5 理论框架的修正

基于第 3 章构建的初步理论框架与提出的初步研究命题,本章在 E 市"城市综合治理"专项行动这一真实的高社会稳定风险情境中探索基层干部应对社会稳定风险时的行为策略,及其背后的影响因素和行为逻辑。通过对 M 鞋城关停这一单案例的过程追踪,笔者进一步归纳了研究命题,对初步理论框架进行了修正和完善。通过对 M 鞋城关停与 J 商城疏解这一组最大相似案例的比较,验证了制度因素对基层干部社会稳定风险应对行为的影响。

通过对案例的探索,可以对初步理论框架进行进一步的修正,如图 4.3 所示。首先,压力型维稳体制之下,制度压力因素的变化对基层干部社会稳定风险应对行为有着根本性的影响。在对 H 街道 M 鞋城关停这一典型案例的过程追踪中发现,在同样的高社会稳定风险情境中,维稳任务清晰度和维稳时间约束的变化对基层干部社会稳定风险应对行为具有显著影响。通过增强对上级的信任感、明确行动边界与减弱侥幸心理,维稳任务清晰度与维稳时间约束正向影响基层干部的社会稳定风险应对行为。在比较案例研究中,验证了其背后的关键因素,特别是关键制度压力变量的影响。对于H街道同一届党政领导班子在M鞋城关停与J商城疏解两个相似案例情境中行为策略的比较分析验证了,制度压力因素中的维稳时间约束与维稳任务清晰度对基层干部的行为具有关键性的影响。这与第3章的初步研究命题4和命题5相符。而在对M鞋城关停全过程的追踪和深描中发现,由于F区近年来并没出现过被"一票否决"的干部,而且同体问责之下F区对街道也有一定程度的默许,"一票否决"的维稳问责压力在实际执行中被消解了,没有对干部行为产生促进作用。因此,制度压力因素中的维稳问责强度并未直接影响干部行为,排除初步研究命题6。

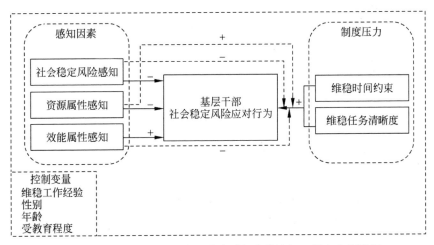

图 4.3 基层干部社会稳定风险应对行为的认知—制度分析框架

资料来源:笔者自制。

注:"+"表示正向影响,"-"表示负向影响,实线表示直接影响,虚线表示调节作用。

其次,在社会稳定风险情境之下,基层干部个体的感知因素在制度因素的基本框架下发挥作用。本章通过对案例过程细节的再现与深描,将干部个体的微观认知与行为嵌入制度环境之中,还原每一个案例情境中基层干部采取的社会稳定风险应对行为背后的行为动机和逻辑。通过这种因果追踪,可以归纳出感知因素对于干部行为影响的因果机制。

高社会稳定风险感知对于基层干部社会稳定风险应对行为具有负向影

响。这是通过两个机制实现的：一方面，在对社会稳定风险的高感知之下，如果政策信号不明确，干部不确定行动的合法性边界，担心贸然行动会引发更大的社会稳定风险，会"不敢为"；另一方面，在面对极大的社会稳定风险时，基层干部倾向于认为这超出了自己层面所能解决问题的范畴，因而选择观望等待，是"不能为"。而这种负向影响也可能会消减制度因素对干部行为的积极影响，即，在任务清晰、时间约束大时，基层干部的社会稳定风险应对行为会比较积极，但是，如果干部具有高社会稳定风险感知，那么"不敢为"和"不能为"的心理会在其中起干扰作用。因此，社会稳定风险感知可能会负向调节维稳时间约束、维稳任务清晰度与基层干部社会稳定风险应对行为之间的正向关系。

高资源属性感知可能会增强基层干部行为对于制度压力因素的依赖性。在明确的政治指令之下，自上而下启动动员模式，虽然此时干部感知到的采取有效应对行动的资源需求很大，但是他们同时也有着很强的政治敏感和经验，坚信会随任务发包资源来推动目标的达成。尤其是在明确的时间约束和任务指示之下，任务压力越大，上级为了推动任务完成越会重视基层的资源需求，协调配置资源，从而弱化资源约束，有助于促进基层干部采取更积极的社会稳定风险应对行为。因此，资源属性感知可能会正向调节维稳时间约束、维稳任务清晰度与基层干部社会稳定风险应对行为之间的正向关系。

高效能属性感知对基层干部的社会稳定风险应对行为具有正向的影响。对自己工作的价值感、意义感更强，对工作效果更为满意的基层干部，会更有内在驱动力去采取更积极的行动来应对社会稳定风险。但同时，效能属性感知高的基层干部，其工作自主性很强，习惯于根据自己的工作经验和工作习惯来采取行动，因此其行为受制度环境的影响可能会减弱。相较于低效能感知的干部对于制度环境的依赖，高效能属性感知可能会减弱清晰的维稳任务对于干部行为的积极影响。

综上所述，案例研究发现了感知因素、制度压力因素对干部行为的影响机制，以及感知因素对制度压力因素的调节作用。由此，本章在初步理论框架的基础上进一步构建了基层干部社会稳定风险应对行为的认知—制度分析框架。表4.8汇总了修正后的研究假设。假设1至假设3旨在回应本研究的第一个研究问题，即个体对风险的感知因素如何影响基层干部的社会稳定风险应对行为。假设4与假设5旨在回应本研究的第二个研究问题，即制度压力对基层干部社会稳定风险应对行为的影响机制是怎样的。假设 6 至假设 11 旨在回应本研究的第三个研究问题，即感知因素与制度压力因素如何相互作用，来对基层干部的社会稳定风险应对行为产生影响。

表 4.8　研究假设

类　　别	研　究　假　设
感知因素	假设 1：基层干部的社会稳定风险感知越高，其社会稳定风险应对行为越消极。 假设 2：基层干部的效能属性感知越高，其社会稳定风险应对行为越积极。 假设 3：基层干部的资源属性感知越高，其社会稳定风险应对行为越消极。
制度压力	假设 4：维稳时间约束越大，基层干部的社会稳定风险应对行为越积极。 假设 5：维稳任务越清晰，基层干部的社会稳定风险应对行为越积极。
调节效应	假设 6：基层干部的社会稳定风险感知越高，维稳时间约束对于基层干部社会稳定风险应对行为的正向影响越弱。 假设 7：基层干部的社会稳定风险感知越高，维稳任务清晰度对于基层干部社会稳定风险应对行为的正向影响越弱。 假设 8：基层干部的资源属性感知越高，维稳时间约束对于基层干部社会稳定风险应对行为的正向影响越强。 假设 9：基层干部的资源属性感知越高，维稳任务清晰度对于基层干部社会稳定风险应对行为的正向影响越强。 假设 10：基层干部的效能属性感知越高，维稳时间约束对于基层干部社会稳定风险应对行为的正向影响越弱。 假设 11：基层干部的效能属性感知越高，维稳任务清晰度对于基层干部社会稳定风险应对行为的正向影响越弱。
控制变量	假设 12：基层干部的维稳工作经验越丰富，其社会稳定风险应对行为越积极。

第 5 章 问卷设计与数据分析方法

在前几章中,根据已有文献和探索性的案例研究,笔者构建了基层干部社会稳定风险应对行为的认知—制度分析框架,这是基于归纳的思路进行的研究。但是,案例研究具有外部效度不足的局限性,且质性研究方法难以对变量间的关系进行精确的度量。因此,为了检验理论框架是否具有可推广性,并对各变量间的关系作出更精确的解释,本章及第 6 章将通过对基层干部的问卷调查及对调查数据的统计分析,对理论框架进行实证检验。

5.1 问卷调查法

作为一种常用的研究方法,问卷调查在对微观个体的研究上有着独特的优势,尤其适用于调查某一人群的社会背景、某一人群的社会行为和活动、某一人群的意见和态度(风笑天,2009)。本研究的研究对象是基层政府官员,关注干部个体层面的心理认知与行为,因此采用问卷调查法有助于获取真实的干部信息。

政府行为中的个体行为同样也是行为公共管理学的主要研究对象之一。作为心理学与公共管理学的交叉领域,近年来行为公共管理学聚焦于公共管理的微观基础,越来越认可心理学实验法的优势和潜在价值,其本质在于操纵不同的"刺激",来观测个体的心理与行为反应(代涛涛、陈志霞,2019)。诚然,在心理学的实验室实验中,由于研究者能够对环境和干预进行严格的控制,以及对被试进行严格随机化处理,实验室实验具有很高的内部效度。然而,心理学的实验室实验大多招募大学生作为被试,其研究结论常常被质疑是否可以扩展到实验室外的真实研究对象(Mcdermott,2002)。而行为公共管理学相较于心理学更注重现实问题和研究的应用性,因而,张书维与李纾(2018)认为,行为公共管理研究必须在确保内部效度的基础上尽可能追求外部效度。为此,行为公共管理学研究对象的来源应尽可能多样化,选用公务员作为被试,虽然对于研究者而言难度更大,但更加合理。此外,由于公共管理问题具有复杂性,纯粹的实验室实验无法完全还原复杂的问题情境,而在真实世界中进行的问卷调查和现场试验更有助于在现实情境中提高研究的外部效度(张书维、李纾,2018)。Battaglio 等(2019)学者对行为公共管理领域 84 篇论文的梳理发现,其中 43% 的研究采用了问卷调查法。

本研究着眼于对基层干部社会稳定风险应对行为的制度和认知影响因素进行验证,需要在行为公共管理的微观进路下,引入风险研究领域个体风险感知与应对行为的理论变量,对基层干部个体的认知和行为进行测量,采用问卷调查的研究方法具有诸多优点。第一,对 E 市各街道、乡镇一线维稳干部进行问卷调查,有助于提高研究的外部效度。第二,相较于实验设计,问卷调查虽然对环境的控制较弱,但便于操作,简便易行。第三,问卷调查既可以使用量表对个体的心理认知进行测量,又可以设计情境对干部在不同制度变量取值水平下的行为进行测量,有助于增强问卷调查的内部效度,符合本研究理论框架的要求。

5.2 问卷的设计

5.2.1 问卷设计的基本思路

如前所述,认知因素在制度因素的基本框架下对基层干部的风险应对行为发生作用,即认知因素对制度因素和应对行为之间的关系具有调节作用。基于此,问卷内容主要分为两个部分,一是感知测量量表,二是情景模拟(见附录 C)。

1. 感知测量量表

感知测量量表主要用于测量个体感知变量,即社会稳定风险感知、效能属性感知、资源属性感知。风险感知研究的心理测量范式认为,风险是经过个体的心理活动所主观定义和建构的,可以通过问卷进行测量(Slovic,1987)。因此,目前风险感知研究的主流研究方法便是使用量表进行测量。笔者主要借鉴个体风险感知与应对行为研究的理论模型——防护行为决策模型与保护动机理论——中对于风险感知和应对行为感知(包括效能属性感知与资源属性感知)的测量方式,结合基层干部所处社会稳定风险情境的具体风险特征,以及行为公共管理研究中干部个体认知心理的具体特征来设计感知测量量表,采用李克特五分量表法进行度量。

将感知测量量表放在情景模拟题之前,是基于以下考虑:第一,在问卷设计中,问题的结构通常应按照先易后难、由浅入深的顺序排列,这有利于增强被调查者回答问题的信心,将回答逐步引向深入(范柏乃、蓝志勇,2013)。相较于情景模拟题,感知测量量表简明易懂,题干简短,有助于被调查者逐步熟悉问卷。而情景模拟题的题干较长,对被调查者的阅读理解能力要求较高,如果放在第一部分,很难使被调查者快速进入回答问题的状态。第二,本研究问卷的设计是基于真实的社会稳定风险情境——E市"城市综合治理"专项行动。在情景模拟题之前先对社会稳定风险感知、效能属性感知、资源属性感知进行测量,有助于了解每名一线维稳干部真实的心理状态和感知水平,避免他们受到情景模拟题的干扰。如果在情景模拟题之后再进行感知测量,则感知测量结果可能会受到情景模拟题的影响,无法客观准确地测量出干部个体在"城市综合治理"这一社会稳定风险情境中的感知水平。第三,感知测量量表还能对情景模拟题起到情境引入的作用。在感知测量量表的第一题,列出了E市"城市综合治理"专项行动中的13项具体任务,请被调查者对每项任务可能造成的社会稳定风险程度打分。这13项任务来自"城市综合治理"专项行动的具体任务分工,是每个参与调查的基层干部最熟悉的话语体系,因而可以起到很好的引入性的作用,带动被调查者从最熟悉的任务和语境开始填答问卷。这样,在情景模拟题之前,被调查者就可以被带入这一社会稳定风险情境,为情景模拟做了铺垫。

2. 情景模拟

设置情景模拟题的目的,是测量基层干部在制度环境下的行为选择。由于干部的行为不是孤立发生的,而是在制度环境下作出的个体行为决策,因此,对干部行为的测量必须放在具体的案例情景中。制度变量多为较抽象的概念,将其放在具体的情景中,也有助于增进被调查者对抽象概念的理解。此时虚拟情景在本质上起到了"思维载体"的作用,可以使被调查者借助情景来表达真实的想法,作出真实的选择(杨玉东,2010)。并且,虚拟情景题通过对一个能让被调查者理解或感同身受的情景的描述,让被调查者依据情景作出回答,非常适合用于对抽象概念、敏感问题的测量(严洁,2018)。

对于情景模拟题的设计,借鉴被试内实验设计的思路来比较同一个干部受到不同水平制度变量影响之后的行为变化,增强问卷调查的内部效度。被试内设计是指,每个被试都接受所有自变量水平的实验处理,也称重复测量设计,不同条件之间的比较是在同一组被试内进行的。在严格的实验设计中,被试在不同实验条件下进行了严格的随机化处理(即被试接受多次实验处理的顺序是随机的,或者被试被随机分配到不同的平衡组),因此因变量反应上的差异不能被归为被试因素,只能解释为实验操纵处理的差异(代涛涛、陈志霞,2019)。因而,被试内设计消除了被试的个体差异对实验的影响,具有很强的内部效度。

本研究是对真实干部的调查,无法进行严格实验室条件下的被试内设计。基于 E 市 H 街道市场疏解的真实案例,笔者借鉴被试内实验设计的思路来设计情景模拟问卷。在将维稳时间约束和维稳任务清晰度两个变量都分为两个水平的情况下,共设置四个模拟情景,请每个被调查者进行四个情景的回答,测量压力型维稳体制中的制度变量对基层干部社会稳定风险应对行为的影响。除了消除个体差异的影响之外,被试内设计的另一个优点是,由于对被试进行的是重复测量,所以所需的被试数量比较少。本研究的调查对象是 E 市"城市综合治理"专项行动中的基层一线维稳干部,样本量有限,因此遵照被试内实验设计的思路可以最大程度上保障样本数量满足调查需求。

5.2.2 问卷设计流程

为了确保问卷设计的效度与信度,我们通过多样化的意见收集渠道和方式,对问卷进行了多轮设计与修改,最终形成正式问卷。

1. 题项的形成

在问卷设计的初始阶段,根据既有理论文献和探索性案例研究进行题项设计。一方面,根据文献综述,充分回顾以往研究中对相关变量较为成熟的测量方法,尽可能使题项的设计有充分的理论和文献支撑。另一方面,题项的形成是基于 E 市"城市综合治理"专项行动中区域性专业市场疏解这一社会稳定风险情境而模拟的田野调查。由于笔者在 H 街道进行了长时间的探索性案例研究,因此可以在设计题项时尽可能贴近真实的案例情境,使题项的设计,特别是模拟情景的设计更具有真实性和准确性。

2. 问卷的修改

在形成问卷初稿后,为了提高问卷的有效性和可信性,确保问卷能够准确地测量变量,并客观真实地反映被调查者的情况,我们参考了多方意见对问卷进行修改。

第一,由清华大学应急管理研究基地和清华大学中国社会风险评估研究中心的专家组对问卷进行审议,专家组对表述不清、设置不合理的题项提出了修改意见,并对模拟情景的表述进行了调整。

第二,由清华大学心理学系情绪与决策实验室的专家组对问卷进行审议,对心理测量量表及被试内设计的操作提出了修改意见,并增加了注意力检测题,以筛选有效问卷。

第三,充分征求了E市F区诸位干部的意见,以保障问卷的可操作性和真实性。特别的是,由H街道的基层干部对问卷进行了逐字逐句的审核,对不易理解的词句进行了修改,替换为他们熟悉的话语体系和表述方式,并对情景模拟题进行了调整,确保四个情景以及干部行为的选项都是真实市场疏解情景中有可能发生的。

第四,在正式发放问卷前进行了两轮预调研,第一轮预调研的发放对象以清华大学公共管理学院与清华大学心理学系的在读博士研究生、公共管理硕士(MPA)为主,第二轮预调研的发放对象以E市F区H街道与N乡的基层干部为主。在两轮预调研中,请被调查者填答问卷,并记录答题时间以及答题感受。在收集了两轮预调研的反馈之后,对问卷进行了进一步的简化与修改,以减少答题时间,使问卷能更好地被答题者理解。

经过对问卷的多轮设计与修改,能够确保正式问卷调研的被调查者可以清晰地理解问卷的内容,并作出真实回答。

5.2.3 对偏差的克服

问卷调查中难以避免地会出现多种偏差,影响回答的准确性。在问卷设计和发放的各个阶段我们采取了多种措施,尽可能降低偏差的影响。

第一,对社会期许偏差的克服。社会期许偏差(social desirability bias)指的是在问卷调查中,由于一些测量内容已经形成了社会规范,被调查者迫于社会规范压力而给出适应社会或文化规则及标准的倾向性回答(严洁,2018)。社会期许偏差会降低答案的准确性,因此,在问卷设计和发放的全过程都必须考虑如何使被调查者尽可能真实地填答问卷。

为了尽可能降低社会期许偏差,一方面,在问卷的设计和修改中对题项和选项的表述进行了脱敏化处理。在征集专家和基层干部意见的过程中,对问卷表述中有可能涉及敏感问题、易引起基层干部作出倾向性回答的表述进行了删改与替换。对于因变量选项的设置,也经过了多轮调整,尽可能使用中性的词汇,对可能存在倾向性的选项进行修改,确保选项没有明显的暗示性和不合干部行为规范之处。另一方面,为提升被调查者填答的真实性,采取匿名填答的方式,并在卷首的封面信和指导语中向被调查者承诺本次问卷调查的匿名性和保密性,说明问卷的用途仅限于学术研究,还在正式发放问卷时不断强调这一点,尽可能取得被调查者的信任。

第二,对选项首位效应的克服。在问卷调查中,选项的顺序可能会影响被调查者对答案的选择。为尽量降低选项首位效应对被调查者的影响,参照已有研究的解决方式,使用随机化排列的方法(严洁,2018)对情景模拟题的选项进行乱序处理。也就是说,每位被调查者拿到的调查问卷,其情景模拟题的选项顺序是随机的。这样,可以降低选项的顺序对问卷调查结果的影响。

5.3 变量操作化

变量操作化是对抽象概念进行测量的过程。本研究需要进行操作化的变量包括:第一,感知变量,即社会稳定风险感知、效能属性感知、资源属性感知;第二,制度变量,即维稳时间约束、维稳任务清晰度;第三,被解释变量,即基层干部社会稳定风险应对行为意向;第四,其他控制变量。

5.3.1 感知变量

1. 社会稳定风险感知

对于风险感知的测量一直是风险研究领域的一个难点。Slovic(1987)通过问卷直接问询个体对于特定风险的感知和偏好,通过被试对不同种类风险特征条目的标度来测量风险感知,并通过因子分析对未知性、恐惧性、可控性等风险特征进行描绘,开辟了风险感知的心理测量这一研究范式。心理测量范式认为,人们的风险感知是与风险的特定特征及发生环境相联系的。Gardner与Gould(1989)对于技术风险感知的研究显示,不同的风险可能会因其特定的感知风险和感知收益而具有不同的定性特征,必须根据特定的风险特征来对风险感知进行评估。因此,此后的风险感知研究多采用多维度风险特征的测量方法,基于风险问题的特异性设计不同的风险评价维度,主张从不同维度对风险感知进行测量。例如,Johnson(2005)通过询问被调查者感知到的风险大小和受威胁程度来测量他们对于台风灾害的风险感知;Lai和Tao(2003)使用了解程度、恐慌程度、危害程度、新旧程度、社会控制水平和被科学解释的程度这六个维度,研究香港公众对环境健康风险的评价;贾建民等(2008)采用了熟悉性、控制性、灾难的巨大程度、恐惧程度等指标,对汶川地震中重灾区与非重灾区公众的风险感知进行测量。可以说,风险感知测量的难点就在于,不同类型风险的特征存在很大的差异性,很难有成熟的量表①。

根据前文的界定,社会稳定风险感知是对社会不稳定(事件)发生后果与影响的评估过程与主观认知(曹峰等,2014)。借鉴现有风险感知研究的测量方式,风险的可能性、威胁度、可控性是已有研究中对各个类型风险感知的主要测量维度,因此,结合"城市综合治理"专项行动这一具体风险情境的风险特征,请被调查者对"城市综合治理"专项行动中各个风险条目的可能性、威胁度、可控性进行评价。此外,根据清华大学应急管理研究基地专家组的意见,社会稳定风险可能产生的社会后果也是社会稳定风险感知的一个主要方面。因此,综合理论文献和专家意见,使用感知到的风险发生的可能性、感知到的风险威胁度、感知到的社会后果、感知到的风险可控性四个指标来度量社会稳定风险感知。

结合"城市综合治理"专项行动中的具体风险条目,通过询问被调查者认为出现社会不稳定事件如"出现负面网络舆情""出现群体上访事件""出现越级上访事件""出现规模性聚集事件""出现群体性的暴力抗法事件"②的可能性大小来测量感知到的发生风险的可能性,打分结果为1~5,1表示可能性很小,5表示可能性很大。通过询问被调查者认为社会不稳定事件"出现负面网络舆情""出现群体上访事件""出现越级上访事件""出现规模性聚集事件""出现群体性的暴力抗法事件"对社会稳定的威胁程度大小来测量感知到的风险威胁度,打分结果为1~5,1表示威胁度很小,5表示威胁度很大。通过询问被调查者对于"城市综合治理"专项行动可能形成的社会后果"人口迁出会产生政治不稳定风险""疏解专业市场会对E市经济发展造成负面影响""E市郊区及周边生活成本的提高会对群众的生活造成极大不便""'城市综合治理'会造成社会秩序的混乱"③的同意程度来测量感知到的社会后果,打分结果为1~5,1表示很不同意,5表示很同意。通过

---

① 对此,感谢西安交通大学郭雪松教授在第五届中国应急管理青年分论坛暑期研讨班上的精彩授课。
② 这些事件的确定,主要参考了E市F区委政法委干部以及H街道一线维稳干部的意见。
③ 这四个条目的确定,主要参考了《关于加强疏解城市功能重大决策社会稳定风险评估工作的意见》关于"城市综合治理"可能出现的社会影响的论述。

询问被调查者对于"我认为'城市综合治理'的社会稳定风险点是可以全面查找识别的"以及"我认为通过制定工作预案和应对措施可以控制'城市综合治理'的社会稳定风险"[①]的同意程度来测量感知到的风险可控性,打分结果为1~5,1表示很不同意,5表示很同意。

为了更有效地筛选问卷,对问卷回收质量进行了控制,题项3.4"'城市综合治理'会造成社会秩序的混乱"还将在题项4.10中重复出现一次,作为注意力检测题。若两次打分差值大于或等于2,则认为注意力检测不通过,将其作为无效问卷处理。

2. 效能属性感知

在个体风险感知与应对行为研究的理论模型中,效能属性感知指的是个体感知到的采取风险应对行为所获得的收益和效用,是影响个体决定采取应对行为的关键感知因素之一。在保护动机理论中,效能属性感知指的是个体认为采取行动能够有效减轻威胁的信念(反应效能),以及个体认为自己有能力采取行动的信念(自我效能)(Floyd et al.,2000)。在防护行为决策模型中,效能属性感知指的是采取应对风险的防护行为所带来的保护人员和财产的收益,或其他效用(Lindell & Perry,2012)。后续研究多结合具体的风险情境来测量采取应对行为所能感知到的效能。如对于H7N9流感带来的健康风险,采取应对行为的效能感知就通过询问被调查者对于"采取防护行为能够有效保护我的健康"以及"采取防护行为除了预防H7N9外还有其他效用"的同意程度来测量(Wang et al.,2016)。Lu和Wei(2018)在对旅行拥挤风险应对行为的研究中,使用满意度("我可以满足旅行需要")、享乐感("我可以享受一个美好的假期")、休闲感("我的身体和精神可以得到放松")来测量被调查者对于防范拥挤风险应对行为的效能感知。

区别于个体面对风险的防护行为,社会稳定风险是相对于整个社会而言的,基层干部所采取的应对行为也不是自我保护行为,而是出于维护社会秩序这一公共利益动机。因此,结合行为公共管理学中对于干部公共服务动机的研究,基层干部社会稳定风险应对行为的效用和收益是利他导向的,更强调工作的满意度、成就感等内部奖励,以及价值感、意义感等为公共服

---

① 这两个条目的确定,主要根据《关于建立健全重大决策社会稳定风险评估机制的指导意见(试行)》(中办发〔2012〕2号)对于重大决策事项可控性的评估内容。

务的内驱力(Houston,2000;叶先宝、李纾,2008)。因此,应使用满意度和价值感来测量基层干部对采取社会稳定风险应对行为的效能属性感知。通过询问被调查者对于"我对维稳工作成果感到满意"的同意程度来测量满意度,通过询问被调查者对于"维稳工作使我感到对社会作出了贡献"的同意程度来测量价值感,打分结果为1~5,1表示很不同意,5表示很同意。

3. 资源属性感知

在个体风险感知与应对行为研究的理论模型中,资源属性感知指的是个体感知到的采取风险应对行为所需要的资源和成本,是个体在决定是否采取应对行为时考虑的另一因素,只有当个体感知到采取行动的效能超过成本时,才会倾向于采取应对行为。保护动机理论关注反应成本(response cost),即个体感知到的采取行动所需要付出的成本(Reynaud et al.,2013)。防护行为决策模型则进一步将资源属性感知细化为对采取行动所需要的时间、金钱、努力程度、知识技能以及与他人的协作的感知(Lindell & Perry,2012;Wang et al.,2016;Lu & Wei,2018)。结合具体的社会稳定风险情境,通过询问被调查者对于"维稳工作会占用我大量的时间和精力""维稳工作需要财政予以大力支持""维稳工作需要我具备相关的专业知识""维稳工作需要各单位协调合作进行"的同意程度来测量基层干部采取社会稳定风险应对行为的资源属性感知,打分结果为1~5,1表示很不同意,5表示很同意。

5.3.2 情景模拟

本研究对于模拟情景的设计遵循危机情境模拟的"逻辑重构"思想(Rosenthal & Pijnenburg,1991),对真实世界中发生的风险情境进行重构,请被调查者进行选择,以在最大程度上还原被调查者的真实行为意向。

1. 风险情境

第一,要使被调查者明确自己在风险情境中的身份及任务职责,才能对行为意向作出选择。在给被调查者提供相关的身份信息和背景信息时,一方面,要说明被调查者的身份是街道综合治理工作组的一线维稳人员,另一方面,要说明街道的概况和特点是批发业态集中、外来人口密集,使其对辖区内的社会稳定形势和维稳压力有一个初步的认识。因此,基本背景描述如下:

现在,假设您是 E 市 A 街道办事处综合治理工作组的工作人员,负责辖区内大型专业性批发市场的疏解工作。自改革开放以来,A 街道是 E 市市场批发业态最集中的区域之一,辖区内的大型市场以服装、鞋业、轻纺等批发市场为主,日客流量上万人,流动人口密集。

第二,以被试内实验设计的思路来设置风险情景。以第 4 章中 J 商城和 M 鞋城的案例为模板进行逻辑重构,设计了两类四个具体情景。

情景 1:Q 市场于 2019 年年初依据政策先行关停,等待后续进行升级改造。2019 年 4 月,政策调整。市、区领导向街道下达指示,Q 市场不再进行升级改造,维持关停状态,等待未来详细规划,并清退已签约待经营商户。没有清退时间限制和商户清退率要求,但不能引发社会面不稳定问题。

情景 2:Q 市场于 2019 年年初依据政策先行关停,等待后续进行升级改造。2019 年 4 月,政策调整。市、区领导向街道下达指示,Q 市场不再进行升级改造,维持关停状态,等待未来详细规划,并清退已签约待经营商户。没有清退时间限制,但提供了商户承接地等政策支持,要求商户清退率须达到 100%,且不能引发社会面不稳定问题。

情景 3:Q 市场于 2019 年年初依据政策进行升级改造,清退了一部分商户。2019 年 4 月,政策调整。市、区领导向街道下达指示,Q 市场在两个月之内必须关停,商户清退率未作明确要求,不能引发社会面不稳定问题。

情景 4:Q 市场于 2019 年年初依据政策进行升级改造,清退了一部分商户。2019 年 4 月,政策调整。市、区领导向街道下达指示,Q 市场在两个月之内必须关停,并且提供了商户承接地等政策支持,要求商户清退率须达到 100%,且不能引发社会面不稳定问题。

这样,在问卷风险情境的描述部分,基于真实案例情境进行设计,就使后续制度变量的嵌入具有真实合理的依据。

2. 维稳时间约束

时间约束是压力型维稳体制的重要制度要素之一,基层干部常常被要求在规定时间内完成任务指标。而社会稳定风险的紧急性也常常要求基层干部必须在有限的时间约束条件下快速对风险作出响应,因此,维稳时间约束是需要嵌入情境的制度变量之一。由真实的案例背景可知,对于疏解区域性专业市场的维稳任务而言,有无明确的疏解时间要求对于基层干部的社会稳定风险行为有着显著影响。因此,在模拟情景中使用有无疏解时间要求来对维稳时间约束这一制度变量进行操作化。具体来说,基于 J 商城和 M 鞋城的真实案例模板,将维稳时间约束设置为有/无两类:在情景 1、情景 2 中,对已关停的 Q 市场清退商户的时间没有限制,记为 0;在情景 3、情景 4 中,要求 Q 市场在两个月内必须关停,记为 1。

3. 维稳任务清晰度

维稳任务的清晰程度是影响基层干部行为的另一关键制度变量。任务清晰度与任务模糊性作为同一理论构念相反的两个方向,在研究中常互换使用。在实证研究中,对任务模糊性的测量大致经历了由主观评价到客观测量的过程。主观评价法通过使用问卷调查工具,由组织的内部成员对任务的模糊性水平进行主观评分,但是这种测量方式容易陷入社会期许偏差,不易测得真实的评价(Rainey & Bozeman,2000)。鉴于主观评价测量方式的缺陷,研究者开始采用客观测量指标,通过对政策文件进行量化文本分析的方式来测量任务模糊性,以提升研究的建构效度(Favero & Bullock,2015)。但是,过分依赖公开文件的测量方式也局限了研究对象和研究内容,制约了任务模糊性的研究范围(李声宇,2016)。在问卷设计中,同样以被试内实验设计的思路将制度变量——维稳任务清晰度的不同类别嵌入模拟的案例情景,请被调查者作出行为选择,采用的是客观测量的方式对维稳任务清晰度进行设置。

压力型维稳体制的另一个制度要素是量化分解的任务指标,其清晰程度对于基层干部的维稳行为具有显著影响。结合疏解区域性专业市场维稳任务的真实案例,在疏解大型市场这一高社会稳定风险情境中,维稳任务的重点在于清退商户,因此可以使用商户清退率这一任务指标来表征维稳任务清晰度。从维稳任务清晰度在真实案例中的实际作用来看,必须使基层干部感知到任务清晰度超过某个临界水平才能对其行为发生作用,因此,虽然这一制度变量可能具有多个取值水平,但是设定为区分度显著的两个取值水平更有利于被调查者在模拟情景中作出选择。在情景 1、情景 3 中,对商户清退率不做要求,记为 0;在情景 2、情景 4 中,要求商户清退率须达到 100%,记为 1。

4. 社会稳定风险应对行为意向

个体风险感知与应对行为的相关理论模型认为,个体在风险感知的基础上形成行为意向,最终决定了个体的行为。在风险感知研究中,问卷测量的方式难以测量被调查者的实际应对行为,而风险应对行为意向是个体最终应对行为的决定性因素,因此,通常使用风险应对行为意向来测量风险应对行为(Ajzen & Fishbein,1977)。实证研究中,对于风险应对行为意向的测量,通常根据具体的风险情境列出可能采取的应对行为,请被调查者对采取相应行为的意愿进行打分。例如,白鹭(2018)在对征地拆迁项目中公众风险感知和应对行为的研究中,将应对行为设计为公开反对、上访、游行示威、暴力反抗四类,使用问卷测量公众对这四类行为的认同程度。Terpstra(2011)在对于个体面对洪水灾害风险应对行为的研究中,将应对行为意向分为积极应对行为和回避行为意向来设计量表。在关于中国家庭面对雾霾风险采取的应对行为的研究中,Wei(2016)等学者将对雾霾风险的应对行为分为减轻空气污染的行为和对自身进行防护的行为两大类,询问被调查者可能采纳这些行为的程度。

对于基层干部面对社会稳定风险的应对行为,已有研究多以经验观察为主,缺乏系统的测量方式和成熟的量表。如果列出干部可能采取的行为并请被调查者对可能采纳这些行为的程度进行打分,可能会出现社会期许偏差,即被调查者可能会根据"政治正确"的要求来对不同行为进行评价,难以得到真实的结果。因此,对于行为的测量不使用打分评价的方式,而是基于真实案例中基层干部可能采取的应对行为,对不同行为进行脱敏化、中性化的客观描述,再借鉴唐啸(2015)对于干部节能减排行为的测量方式,基于德尔菲专家评估法对不同行为的积极程度进行打分,最终筛选出代表从消极到积极不同程度的社会稳定风险应对行为。

首先,基于对真实案例的田野调查以及专家意见,对基层干部在疏解区域性专业市场中常见的社会稳定风险应对行为进行初步列举,并根据各方意见调整表述,使之均符合基层干部的行为规范,没有明显的不合规之处以及明显的倾向性。

其次,确定对这些行为进行评价的标准。根据风险感知及应对行为的相关研究,对个体风险应对行为的评价一般分为积极、回避、消极等。笔者借鉴钟开斌(2013)对于干部危机决策的评估标准,从及时性和有效性两个维度来评价基层干部社会稳定风险应对行为的积极程度。

最后,基于德尔菲法请专家进行评估。参与评分的专家包括清华大学应急管理研究基地的五位专家,以及E市F区参与维稳工作的十位干部。第一步,根据初步列举的应对行为设计第一轮专家调查表,请专家以"背靠背"的形式对各个行为在现实中发生的可能性大小进行打分,根据专家打分的算术平均数与标准差,筛选出得分高的行为。第二步,将第一轮调查中筛选出的行为作为第二轮专家调查的调查内容,请专家分别从行为的及时性和有效性两个方面来进行评价,以此合成每个行为的积极程度得分。根据积极程度得分的算术平均数和标准差,对入选行为进行排序,最终获得代表不同积极程度应对行为的四个取值。"等待上级进一步的政策命令和任务安排"记为1;"与上级沟通,争取重视和各方面支持"记为2;"自主推进,边做边学,遇到问题再向上级请示解决"记为3;"立即着手进行疏解工作,不遗余力完成任务要求"记为4。

5.3.3　控制变量

维稳工作经验、性别、年龄、受教育程度作为影响基层干部社会稳定风险应对行为的控制变量纳入模型估计。维稳工作经验、性别和受教育程度,在问卷的最后一部分以单选题的形式请被调查者作出回答,年龄则为填空题的形式。对于这些涉及被调查者基本信息的问题,将其安排在问卷的末尾处,避免在问卷开始阶段就出现涉及个人隐私信息的问题而引起被调查者的警惕心理,出现不愿进行回答的情况。

5.4　问卷发放与收集

5.4.1　抽样方法

本研究采用目标式抽样(purposive sampling)的方法来选择问卷调查的对象。目标式抽样是一种非概率抽样方法,根据研究者对于研究目的的判断来选择最有效或最有代表性的调查对象(艾尔·巴比,2009)。因此,在问卷的预调研阶段,可以选择尽量多元化的总体作为抽样的基准,对问卷题目进行检验,尽可能地暴露问卷的缺陷。但是,在问卷的正式调研阶段,应根据研究目标和研究对象的特点进行更为精准的目标式抽样。

行为公共管理学认为,对于干部行为的研究应尽量克服心理学实验法中被试范围的局限,在保证内部效度的基础上最大程度上追求外部效度。因此,选择在"城市综合治理"专项行动这一真实的高社会稳定风险情境中负责维稳工作的基层干部作为问卷调查对象,可以最大程度上贴近研究的目标。问卷中模拟情景的设计也是基于"城市综合治理"专项行动中疏解区域性专业市场的案例,因此,选择对这一任务比较熟悉的干部进行调查,可以最大程度上克服对模拟情景问卷的理解障碍问题,使其能更加快速并准确地理解问卷的情景设置。

5.4.2 问卷的发放

从预调研到正式调研共经过三轮问卷的发放过程,如表5.1所示。

表5.1 问卷发放过程

类别	时间	调查对象	调查形式	回收问卷数量
第一轮预调研	2019年3月10—15日	清华大学公共管理学院与清华大学心理学系的在读博士研究生、MPA学生	纸质问卷	12
第二轮预调研	2019年3月21—27日	E市F区H街道与N乡的基层干部	纸质问卷	23
正式调研	2019年4月3日	E市街道、乡镇基层干部	纸质问卷	375

2019年3月10—15日,进行第一轮问卷预调研。问卷的主要发放对象是清华大学公共管理学院与清华大学心理学系的在读博士研究生及MPA学生,由研究者一对一发放纸质问卷,最终回收问卷12份。在发放的过程中,研究者对每位被调查者的填答时间进行记录,并在答题完毕后一一询问被调查者的答题感受,对被调查者反馈的不合理题项及选项设置进行修改完善。

2019年3月21—27日,进行第二轮问卷预调研。此轮问卷的主要发放对象是E市F区H街道与N乡的基层干部,由研究者一对一发放纸质问卷,最终回收问卷23份。通过第二轮预调研,研究者详细记录了目标对象对问卷的真实感受,并对问卷的表述进行了调整,将基层干部不熟悉或理解不清的词汇替换为其工作中最熟悉的语境,对问卷进行了简化,减轻被调查者的阅读负担。

2019年4月3日,进行正式调研。正式调研的契机是2019年4月1—5日E市发展改革委主办"城市综合治理"专项行动风险防控与舆情应对培训班,针对"城市综合治理"中的社会稳定风险的防范与化解,对全市的街道、乡镇干部进行培训。参训人员包括全市街道、乡镇党政领导班子成员340人[①],

---

① 要求每个街道、乡镇至少派一名班子成员参训,通常为党工委书记、副书记或办事处主任、副主任等,如F区H街道派出参训的就是负责综治维稳工作的党工委副书记。

以及市直、区直机关维稳工作相关干部64人[①]。参训人员基本覆盖了E市所有街道、乡镇的基层干部,且他们都在"城市综合治理"专项行动中从事一线维稳工作,符合本研究对抽样对象的要求。2019年4月3日上午,借助清华大学应急管理研究基地专家在培训班授课的机会,采用集中填答的方式正式发放问卷,首先,专家在授课前对此次问卷调查的主要目的和填答方法进行讲解和说明,强调问卷的匿名性和学术用途,然后请各位参训人员当场填答问卷,填答完毕后投入回收箱,以减轻被调查者的顾虑。在集中填答过程中,三名调查员在现场随时对疑问进行解释和说明。相较于线上电子问卷,现场集中填答可以大大降低被调查者错答和误答的概率,更能保证问卷填答的质量和回收率(风笑天,2009)。

正式调研共发放纸质问卷410份,回收375份,回收率91.5%。问卷回收后进行了人工筛选,剔除注意力检测未通过的问卷、答案缺失过多的问卷、雷同问卷、所有问题全选同一选项的问卷等无效问卷。最终获得有效问卷300份,有效回收率73.2%。

5.5 数据分析方法

问卷调查中每名被调查者在四个模拟情景中接受了四次重复测量,最终回收的300份有效问卷实际提供了1200个样本,数据形式为重复测量数据(repeated measures data)。重复测量数据是对同一被调查者进行的重复观察,这些重复测试嵌套在被调查者之中,形成一个数据组,数据呈现出分层嵌套的特点。此时,组内数据存在对个体重复施测而形成的随机因素(噪声),而组间数据存在个体间的差异造成的随机效应,这种嵌套的随机因素结构使同一被调查者的不同观测值之间可能存在相关性,并不满足普通线性回归方差齐性和独立性的经典假设条件(王超等,2006)。

直接使用OLS回归[②]得到的结果可能存在偏差,故而,我们采用分层线性模型(hierarchical linear models,HLM)来进行模型估计。分层线性模型的特点在于能够明确地分析多层嵌套性质的数据,不但可以同时估计不

[①] 这部分干部虽然是市直、区直机关人员,但在"城市综合治理"专项行动中由于"街乡吹哨、部门报到"机制直接参与了基层街道、乡镇的维稳工作,因此发放问卷时也将其纳入调查范围。

[②] OLS回归全称为普通最小二乘回归(ordinary least squares regression),又称线性回归(linear regression)。

同层次的因素对个体层次的被解释变量有何影响,还可以将这些预测因素保持在适当的分析层次上(李晓鹏等,2011;廖卉、庄瑷嘉,2012)。分层线性模型可以很好地克服普通最小二乘回归法忽略分层数据之间相互依赖性的弱点,解决重复测量数据不满足随机误差独立性假设的问题。

5.6 本 章 小 结

本章主要介绍基于理论分析框架进行的问卷设计。首先,基于研究目的和研究框架,以感知测量和情景模拟的思想为指导,对问卷进行设计并对变量进行操作化。其次,在问卷设计、预调研、正式调研的全过程中对问卷质量进行控制。最后,根据所获取数据的结构特点,选择分层线性模型作为第 6 章实证分析的数据分析方法。

第 6 章 实证分析结果

为了验证基层干部社会稳定风险应对行为的认知—制度分析框架,本章对基层一线维稳干部的问卷调查数据进行统计分析。一是,对问卷的效度与信度进行了检验;二是,对被调查者的特征和主要变量进行描述性统计分析,初步勾勒出数据的概况;三是,对数据进行了分组的方差分析,初步探索变量间可能存在的关系;四是,初步检验个体感知因素对基层干部社会稳定风险应对行为意向的影响;五是,使用分层线性模型对数据进行模型估计,检验研究假设;最后,使用多种方式对模型结果进行稳健性检验。

6.1 问卷效度与信度检验

对于主观感知变量等不可直接观察的概念,需要用理论构念来描述、抽象出这些不可直接观察到的概念的属性和特质。而测量的目的就在于用恰当的测量指标对抽象的理论构念进行科学准确的描述、区分和解释(梁建、樊景立,2012)。问卷量表的设计就是测量的具体操作化过程。由于理论构念的抽象性,要保证所设计的问卷能够有效且稳定地反映研究对象,需要在进行数据分析之前对问卷的效度与信度进行检验。

6.1.1 效度检验

效度(validity),即测量的准确性或有效程度,指的是实证测量能反应概念真实、准确含义的程度(艾尔·巴比,2009)。对效度的评价通常分为标准关联效度(criterion-related validity)、内容效度(content validity)和结构效度(construct validity)三种类型,从不同方面反映测量的准确程度(风笑天,2009)。另外,由于问卷包含感知测量量表这样的自陈(self-report)量表设计,还需要检验数据是否存在共同方法偏差(common method bias,CMB)问题。

1. 标准关联效度

标准关联效度指的是由一些明确标准所确定的效度(艾尔·巴比,2009),需要找到能够准确测量概念的行为标准。由于本研究所关注的调节变量"社会稳定风险感知""资源属性感知""效能属性感知"很难找到能够精确测量理论构念的行为标准,因此标准关联效度不适用于本研究的效度检验。

2. 内容效度

内容效度是指测量所选择的项目需要与测量目的和要求之间具有内容和逻辑上的相符性(艾尔·巴比,2009)。专家评价法是用来检验问卷测量内容效度的常用方法,如果专家一致认为测量题项与被测概念均直接相关,可以达成测量的目的与要求,则可以说测量具有内容效度。在本研究的问卷设计与发放过程中,如前章所述已充分吸收了学术界与实务界专家的意见进行了多轮修改,可以验证本研究的问卷测量是具有较高内容效度的。

3. 结构效度

结构效度是指变量间的逻辑关系与被测概念间的对应精确程度(艾尔·巴比,2009)。本研究的主观感知变量"社会稳定风险感知""资源属性感知""效能属性感知"在问卷设计中均由多个题项进行测量,为了确保问卷结构与测量值之间对应关系的准确性,可以使用因子分析法对其进行结构效度检验。

首先,对社会稳定风险感知各题项(风险可能性感知共五题、风险威胁度感知共五题、社会后果感知共四题、风险可控性感知共两题)进行因子分析。如表6.1所示,使用主成分分析法提取公因子并按照凯撒正态化最大方差法旋转后,得到16个题项在3个公因子上的因子载荷。KMO值和Bartlett球形度是检验观测变量是否适合进行因子分析的统计量,结果显示,KMO值为0.825,Bartlett球形度检验$P=0.000$,说明因子分析的结果是有效的。三个公因子的特征值分别为5.984、2.406、1.447,均大于1,且三个公因子的累积方差贡献率达到61.479%。旋转后的公因子载荷矩阵显示,用于测量风险可能性感知和风险威胁度感知的十个题项在公因子1上的载荷值均高于公因子2、公因子3;用于测量社会后果感知的四个题项在公因子2上的载荷值均高于公因子1、公因子3;用于测量风险可控性感知的两个题项在公因子3上的载荷值均高于公因子1、公因子2。

表6.1 社会稳定风险感知各题项因子分析结果

题项	旋转后的成分矩阵		
	因子1	因子2	因子3
风险威胁度感知 b	**0.822**	0.133	−0.019
风险可能性感知 b	**0.807**	0.120	0.114

续表

题　项	旋转后的成分矩阵		
	因子 1	因子 2	因子 3
风险威胁度感知 d	**0.797**	0.076	−0.157
风险可能性感知 d	**0.789**	0.186	0.072
风险可能性感知 c	**0.764**	0.111	0.109
风险威胁度感知 c	**0.762**	0.152	−0.046
风险可能性感知 e	**0.688**	0.163	0.092
风险威胁度感知 e	**0.662**	0.047	−0.254
风险威胁度感知 a	**0.651**	0.036	−0.083
风险可能性感知 a	**0.648**	−0.062	−0.187
社会后果感知 b	0.073	**0.834**	−0.125
社会后果感知 d	0.130	**0.818**	−0.058
社会后果感知 a	0.042	**0.767**	−0.070
社会后果感知 c	0.198	**0.716**	−0.056
风险可控性感知 a	−0.031	−0.065	**0.862**
风险可控性感知 b	−0.054	−0.207	**0.818**
特征值	5.984	2.406	1.447
累积贡献率(%)	37.401	52.436	61.479

注：提取方法为主成分分析法，旋转方法为凯撒正态化最大方差法。

由此可见，公因子 1 支配了风险可能性感知、风险威胁度感知变量，主要对应风险的未知属性；公因子 2 支配了社会后果感知变量，主要对应风险的恐惧属性；公因子 3 支配了风险可控性感知变量，主要对应风险的可控性属性。三个公因子之间没有交叉支配。因此，根据因子分析结果，可将三个公因子命名为"未知感知""恐惧感知""可控性感知"并作为测量社会稳定风险感知的变量纳入数据分析。为了尽可能保留原始信息，减少原始变量信息的损失，笔者借鉴心理学研究的常规做法，将每个变量各题项的加权平均数（权重均为 1）作为变量属性值，而不使用公因子得分作为新变量值。

表 6.2 展示了测量社会稳定风险感知的三个新变量的描述性统计分析结果。基于李克特五分量表的设计，未知感知、恐惧感知、可控性感知的取值都处于 1~5，取值越高，说明被调查者的感知越强。其中，恐惧感知均值最低，为 2.320，说明调查者对于"城市综合治理"专项行动社会稳定风险的恐惧感知处于中等水平。同时，恐惧感知的标准差最高，为 0.814，说明被调查者在恐惧感知方面的差异性最大。可控性感知的均值最高，为 3.575，说明被调查者对于"城市综合治理"专项行动社会稳定风险的可控制性感知处于中等偏高水平，整体上被调查者认为"城市综合治理"造成的社会风险

在很大程度上是可以控制的。未知感知的均值为3.270,处于中间水平,表明被调查者对"城市综合治理"社会稳定风险的未知恐惧感处于中等水平。总体来看,被调查者的社会稳定风险感知处于中等偏高水平。

表6.2 社会稳定风险感知变量描述性分析

变量	观测值	最小值	最大值	平均值	标准差
未知感知	293	1.0	5.0	3.270	0.751
恐惧感知	299	1.0	5.0	2.320	0.814
可控性感知	299	1.0	5.0	3.575	0.800

同样,对资源属性感知与效能属性感知各题项(资源属性感知包括时间、金钱、协作、知识技能共四题,效能属性感知包括满意度与成就感共两题)进行因子分析。如表6.3所示,使用主成分分析法提取公因子并按照凯撒正态化最大方差法旋转后,得到6个题项在2个公因子上的因子载荷。结果显示,KMO值为0.644,Bartlett球形度检验$P=0.000$,说明因子分析的结果是有效的。两个公因子的特征值分别为2.150和35.838,均大于1,且两个公因子的累积方差贡献率达到61.411%。旋转后的公因子载荷矩阵显示,用于测量资源属性感知的四个题项在公因子1上的载荷值均高于公因子2;用于测量效能属性感知的两个题项在公因子2上的载荷值均高于公因子1。由此可见,公因子1支配了资源属性感知变量,公因子2支配了效能属性感知变量,且两个公因子之间没有交叉支配。因此,根据因子分析结果,资源属性感知与效能属性感知的问卷结构与测量变量之间的对应关系是准确的,可以通过结构效度检验纳入数据分析。为了尽可能保留原始信息,减少原始变量信息的损失,借鉴心理学研究的常规做法,将每个变量各题项的加权平均数(权重均为1)作为变量属性值,而不使用公因子得分作为新变量值。

表6.3 资源属性感知与效能属性感知各题项因子分析结果

题项	旋转后的成分矩阵	
	公因子1	公因子2
协作	**0.766**	0.241
金钱	**0.738**	0.072
时间	**0.686**	−0.418
知识技能	**0.633**	0.156
满意度	0.037	**0.846**

续表

题 项	旋转后的成分矩阵	
	公因子 1	公因子 2
成就感	0.190	**0.817**
特征值	2.150	35.838
累积贡献率(%)	1.534	61.411

注：提取方法为主成分分析法，旋转方法为凯撒正态化最大方差法。

表 6.4 展示了对资源属性感知与效能属性感知两个新变量的描述性统计分析结果。由描述性分析结果可知，资源属性感知与效能属性感知的均值位于 3.7~4.0，相对于社会稳定风险感知的均值偏高。其中，资源属性感知的均值为 3.94，说明被调查者对"城市综合治理"专项行动维稳工作的资源需求感知较高，同时资源属性感知的标准差较低，为 0.584，说明在对资源需求的感知方面，被调查者的差异性不大。效能属性感知的均值为 3.74，说明被调查者总体上在维稳工作中的自我效能感处于中等偏高水平，但是标准差为 0.783，较资源属性感知的标准差稍高，说明个体在效能属性感知方面的差异性较大。

表 6.4 资源属性感知与效能属性感知变量描述性分析

变 量	个案数	最小值	最大值	平均值	标准差
资源属性感知	297	1.0	5.0	3.94	0.584
效能属性感知	299	1.0	5.0	3.74	0.783

4. 共同方法偏差检验

由于问卷使用心理测量量表对主观感知类变量进行测量，属于自陈量表，有可能存在共同方法偏差的问题。个体在进行主观评价时可能会受到一致性动机、虚假相关、短时情绪状态等因素的影响，这会导致模型中的构念存在虚假关系，使模型估计结果产生偏差(文宏、张书，2017)。因此，为了确保题项对于主观感知类变量测量的效度，需要对共同方法偏差进行控制。首先，采用程序控制的方法，在问卷设计和发放的程序上严格保护被调查者的匿名性，并通过问卷预调研来改进题项的表述方式。其次，采用统计控制的方法，检验问卷是否存在共同方法偏差问题。借鉴张书维等(2019)学者的做法，笔者用 Harman 单因素检验法来检验共同方法偏差，对问卷所有题项进行不旋转的因子分析，如果公因子可以解释的方差比例最大不超过

40%的临界标准,则可以判断问卷不存在严重的共同方法偏差问题。

将主观感知类的 22 个题项进行不旋转的因子分析,如表 6.5 所示,KMO 值为 0.823,Bartlett 球形度检验 $P=0.000$,说明因子分析的结果是有效的。同时,解释方差比例最大的公因子的特征值为 6.36,可以解释 28.90% 的方差,低于 40% 的临界标准,因此可以判断,问卷不存在明显的共同方法偏差问题。

表 6.5　因子分析检验共同方法偏差结果

公因子	初始特征值		
	特征值	解释方差比例(%)	累积贡献率(%)
1	6.36	28.90	28.90
2	2.70	12.26	41.16
3	2.36	10.72	51.88
4	1.43	6.49	58.37
5	1.11	5.06	63.43
6	1.06	4.82	68.25
7	0.81	3.68	71.92
8	0.73	3.33	75.25
9	0.72	3.26	78.51
10	0.62	2.81	81.32
11	0.53	2.39	83.71
12	0.51	2.34	86.04
13	0.45	2.06	88.11
14	0.44	1.98	90.08
15	0.39	1.79	91.87
16	0.38	1.71	93.57
17	0.34	1.52	95.10
18	0.30	1.37	96.46
19	0.28	1.28	97.74
20	0.23	1.02	98.76
21	0.16	0.72	99.48
22	0.12	0.52	100.00

注:提取方法为主成分分析法。

另外,文宏与张书(2017)通过检验变量之间的相关系数来进一步判定是否存在共同方法偏差问题,通常认为如果变量间相关系数大于 0.9,则判断存在严重的共同方法偏差问题。对测量各主观感知类变量的题项进行皮尔森相关性分析,结果如表 6.6 所示,各个题项间的相关系数最高为 0.79,未超过 0.9 的临界标准,因此可以判断,问卷不存在明显的共同方法偏差问题。

表 6.6 主观感知题项皮尔森相关系数矩阵

题项	1 风险可能性感知 a	2 风险可能性感知 b	3 风险可能性感知 c	4 风险可能性感知 d	5 风险可能性感知 e	6 风险威胁度感知 a	7 风险威胁度感知 b	8 风险威胁度感知 c	9 风险威胁度感知 d	10 风险威胁度感知 e	11 社会后果感知 a
1 风险可能性感知 a	1										
2 风险可能性感知 b	0.51**	1									
3 风险可能性感知 c	0.39**	0.70**	1								
4 风险可能性感知 d	0.44**	0.71**	0.69**	1							
5 风险可能性感知 e	0.28**	0.57**	0.55**	0.71**	1						
6 风险威胁度感知 a	0.63**	0.46**	0.45**	0.39**	0.31**	1					
7 风险威胁度感知 b	0.48**	0.64**	0.51**	0.55**	0.44**	0.58**	1				
8 风险威胁度感知 c	0.39**	0.53**	0.55**	0.52**	0.43**	0.47**	0.76**	1			
9 风险威胁度感知 d	0.43**	0.51**	0.46**	0.57**	0.47**	0.40**	0.71**	0.67**	1		
10 风险威胁度感知 e	0.36**	0.37**	0.38**	0.41**	0.49**	0.31**	0.51**	0.47**	0.79**	1	
11 社会后果感知 a	0.03	0.11	0.07	0.15*	0.16**	0.12*	0.17**	0.16**	0.11	0.13*	1
12 社会后果感知 b	0.07	0.18**	0.13*	0.22**	0.12*	0.08	0.17**	0.18**	0.17**	0.14*	0.53**
13 社会后果感知 c	0.16**	0.24**	0.24**	0.26**	0.19**	0.20**	0.26**	0.26**	0.24**	0.18**	0.38**
14 社会后果感知 d	0.11	0.16**	0.15**	0.21**	0.20**	0.17**	0.24**	0.24**	0.18**	0.14**	0.56**
15 风险可控性感知 a	−0.11	0.01	−0.01	−0.02	−0.02	−0.11	−0.04	−0.06	−0.09	−0.15*	−0.12*
16 风险可控性感知 b	−0.12*	−0.04	−0.04	−0.10	−0.04	−0.03	−0.06	−0.10	−0.13**	−0.17**	−0.20**
17 时间	0.24**	0.30**	0.35**	0.34**	0.28**	0.20**	0.27**	0.26**	0.22**	0.22**	0.28**
18 金钱	0.09	0.12*	0.09	0.15*	0.16*	0.11	0.14*	0.04	0.16**	0.17**	0.14*
19 协作	0.10	0.15*	0.18**	0.12*	0.03	0.10	0.14*	0.04	0.14*	0.09	−0.04
20 知识技能	0.07	−0.01	−0.01	−0.01	0.02	0.09	0.08	0.01	0.06	0.08	0.03
21 满意度	−0.20**	−0.11	−0.12*	−0.15*	−0.15*	−0.11	−0.14**	−0.14**	−0.16**	−0.17**	−0.11
22 成就感	−0.09	−0.03	−0.10	−0.10	−0.05	−0.06	−0.02	−0.07	−0.07	−0.09	−0.04

续表

题 项	12 社会后果感知 b	13 社会后果感知 c	14 社会后果感知 d	15 风险可控性感知 a	16 风险可控性感知 b	17 时间	18 金钱	19 协作	20 知识技能	21 满意度	22 成就感
1 风险可能性感知 a											
2 风险可能性感知 b											
3 风险可能性感知 c											
4 风险可能性感知 d											
5 风险可能性感知 e											
6 风险威胁度感知 a											
7 风险威胁度感知 b											
8 风险威胁度感知 c											
9 风险威胁度感知 d											
10 风险威胁度感知 e											
11 社会后果感知 a											
12 社会后果感知 b	1										
13 社会后果感知 c	0.57**	1									
14 社会后果感知 d	0.60**	0.49**	1								
15 风险可控性感知 a	−0.17**	−0.10	−0.11	1							
16 风险可控性感知 b	−0.26**	−0.18**	−0.23**	0.55**	1						
17 时间	0.29**	0.38**	0.32**	−0.10	−0.20**	1					
18 金钱	0.14*	0.14*	0.15**	0.11	−0.04	0.35**	1				
19 协作	0.03	0.12*	−0.04	0.19**	0.12*	0.27**	0.48**	1			
20 知识技能	−0.02	0.07	0.03	0.14*	0.18**	0.25**	0.22**	0.41**	1		
21 满意度	−0.14*	−0.10	−0.06	0.29**	0.37**	−0.18**	0.08	0.17**	0.12*	1	
22 成就感	−0.12*	−0.07	−0.03	0.37**	0.35**	−0.11	0.17**	0.26**	0.17**	0.52*	1

注：* 表示在 0.05 水平（双侧）上显著相关，** 表示在 0.01 水平（双侧）上显著相关，$N=300$。

两种统计控制方式的结果均显示,共同方法偏差问题不会显著影响本研究的数据分析结果。

6.1.2 信度检验

信度(reliability)指问卷测量结果的一致性和可靠性(风笑天,2009)。对于问卷设计来说,除了需要保证在内容和结构上具有能够准确测量的效度之外,还要求量表内部具有一致性,即测量同一变量的不同题项之间需要具有稳定的一致性。本研究针对感知变量设计的量表为李克特式量表,针对李克特量表常用的信度评价指标为 Cronbach's alpha(梁建、樊景立,2012)。

如表 6.7 所示,对本研究中使用多个题项进行测量的感知变量进行信度检验发现,社会稳定风险感知中未知感知、恐惧感知、可控性感知各题项的 Cronbach's alpha 数值分别为 0.908、0.810、0.708,均在 0.7 以上。资源属性感知与效能属性感知各题项的 Cronbach's alpha 数值分别为 0.649 与 0.671,均在 0.6 以上。对基于实践开发的探索性问卷量表而言,一般认为系数值在 0.6 以上即可认为是信度良好(Nunnaly,1978)。因此,可以认为各变量均具有较好的内部一致性,通过信度检验。

表 6.7 各主观感知变量的信度检验结果

变量	题项数	Cronbach's alpha
未知感知	10	0.908
恐惧感知	4	0.810
可控性感知	2	0.708
资源属性感知	4	0.649
效能属性感知	2	0.671

6.2 描述性统计分析

在检验问卷效度与信度的基础上,本节对问卷数据进行描述性统计分析。第一,分析被调查者的特征,对样本做概括式的描摹;第二,对于"城市综合治理"专项行动中各项目被调查者的风险评价进行统计分析,为"城市综合治理"专项行动提供决策参考;第三,对因变量及其他变量进行描述性统计分析,并进行组间 t 检验,初步分析各解释变量对于因变量的影响。通过本节的描述性统计分析,对样本情况与变量间的关系进行初步的探讨。

6.2.1 被调查者特征

调查问卷借由培训的机会发放,样本基本上覆盖了全市各街道、乡镇参与"城市综合治理"专项的维稳干部。剔除不合格问卷后,回收有效问卷300份。

如表6.8"样本基本信息统计"所示,在有效样本中,男性占八成以上,女性占近两成;年龄在31~50岁的干部居多,占到了八成以上,尤其在41~50岁的年龄段更加集中,占比过半;在民族和政治面貌方面,汉族和中共党员(含预备党员)占到了绝大多数;在受教育程度方面,本科及以上占到了近96%,说明样本总体学历水平较高;在工作单位层级、职务级别、工作岗位方面,绝大多数干部为街道、乡镇的处级(副处或正处)领导干部;在维稳工作经验与知识技能方面,近70%的干部具有3年以上的维稳经验,拥有6年及以上工作经验的人达到近半数,八成以上的干部参加过维稳相关培训,接近九成的干部主动了解过与社会稳定风险相关的信息和知识。由此可见,被调查者与本研究的研究对象十分吻合,即大多数样本为街道、乡镇处级中青年领导干部,维稳经验较为丰富,直接处理"城市综合治理"专项行动的基层一线维稳事务。

表6.8 样本基本信息统计

变量	测量	样本数	百分比(%)	累计百分比(%)
性别	男	242	81.2	81.2
	女	56	19.8	100.0
年龄	21~30岁	18	6.2	6.2
	31~40岁	81	27.9	34.1
	41~50岁	152	52.7	86.8
	51~60岁	38	13.2	100.0
民族	汉族	279	96.5	96.5
	少数民族	10	3.5	100.0
受教育程度	研究生及以上	116	38.9	38.9
	本科	169	56.7	95.6
	大专	8	2.7	98.3
	高中或中专	5	1.7	100.0
政治面貌	群众或其他	6	2.0	2.0
	民主党派	1	0.3	2.3
	共青团员	3	1.0	3.3
	中共党员(含预备党员)	289	96.7	100.0

续表

变量	测量	样本数	百分比(%)	累计百分比(%)
职务级别	正处	94	31.4	31.4
	副处	137	45.8	77.3
	副科或正科	50	16.7	94.0
	科员及以下	18	6.0	100.0
工作单位层级	街道、乡镇	257	86.0	86.0
	区直机关	17	5.7	91.7
	市直机关	23	7.7	99.4
	其他	2	0.7	100.0
工作岗位	领导岗位	237	80.9	80.9
	非领导岗位	56	19.1	100.0
维稳工作经验	6年及以上	136	46.6	46.6
	3～5年	68	23.3	69.9
	1～2年	45	15.4	85.3
	1年以下	25	8.6	93.8
	没有	18	6.2	100.0
参与维稳培训	6次及以上	81	27.8	27.8
	3～5次	74	25.4	53.3
	1～2次	93	32.0	85.2
	没有	43	14.8	100.0
主动了解风险知识	有	257	87.7	87.7
	没有	36	12.3	100.0

注：因数据存在缺失项，各项样本数加总后存在小于300的情况。

6.2.2 "城市综合治理"专项行动社会稳定风险评价

根据《实施意见》，全市"城市综合治理"重点任务共有"地下空间和群租房整治"等10项。再根据F区"城市综合治理"专项行动工作计划，补充"交通枢纽疏解及周边环境整治""背街小巷环境整治提升""建筑物屋顶牌匾标识整治"3项任务，共计13项重点任务。表6.9展示了被调查者对13项重点任务的社会稳定风险感知程度，以及对"城市综合治理"专项行动总体社会稳定风险水平的评价。根据对300位受调查者的调查，"城市综合治理"重点任务的社会稳定风险感知程度各项的平均值位于2.6～4.1的区间内。

表6.9 "城市综合治理"专项行动重点任务社会稳定风险感知评价

重点任务	观测值	最小值	最大值	平均值	标准差
地下空间和群租房整治	298	1.0	5.0	3.289	1.0367
占道经营、无证无照经营和"开墙打洞"整治	300	1.0	5.0	3.263	0.9576
城乡接合部整治改造	296	1.0	5.0	3.412	0.9633
中心城区老旧小区综合整治	298	1.0	5.0	3.258	1.0430
中心城区重点区域整治提升	296	1.0	5.0	3.257	0.9786
疏解一般制造业和"散乱污"企业治理	298	1.0	5.0	3.158	1.0566
疏解区域性专业市场	297	1.0	5.0	**3.478**	0.9623
疏解部分公共服务功能	295	1.0	5.0	3.058	0.9898
拆除违法建设	299	1.0	5.0	**4.057**	0.9899
棚户区改造、直管公房及"商改住"清理整治	298	1.0	5.0	**3.584**	0.9647
交通枢纽疏解及周边环境整治	300	1.0	5.0	2.913	0.9568
背街小巷环境整治提升	300	1.0	5.0	2.610	0.9735
建筑物屋顶牌匾标识整治	299	1.0	5.0	2.622	0.9382
"城市综合治理"总体社会稳定风险水平	298	1.0	5.0	3.342	0.8589

其中,风险感知程度均值最高的3项任务依次为"拆除违法建设""棚户区改造、直管公房及'商改住'清理整治"以及"疏解区域性专业市场",分别为4.057、3.584、3.478;风险感知程度均值最低的3项任务分别为"背街小巷环境整治提升""建筑物屋顶牌匾标识整治""交通枢纽疏解及周边环境整治",其均值均低于3。"城市综合治理"总体社会稳定风险水平的平均值为3.342,处于中等偏高水平。描述性统计的结果表明,在"城市综合治理"专项行动中,涉及疏解整治的任务其社会稳定风险感知水平较高,涉及环境提升的任务其社会稳定风险感知水平较低,被调查者对"城市综合治理"总体社会稳定风险感知水平的评价为中等偏高。这同时也印证了,"疏解区域性专业市场"属于高社会稳定风险任务,以此任务作为典型案例与问卷情境是具有合理性与典型性的。

6.2.3 因变量描述性分析

通过对300位被调查者在不同情境下的行为意向进行多次重复测量,

共得到因变量行为意向观测值1189个,其均值为2.90,标准差为0.984,取值范围为[1,4]。如表6.10所示,因变量取值从1~4所表示的行为意向越来越强,在不同的行为意向取值上,被调查者均有所选择,且表现出了足够的差异性,由此可见,因变量行为意向测量题目的设计是比较合理的。

表6.10 因变量描述性统计分析

行 为 意 向	频率	百分比(%)	累计百分比(%)
1	94	7.9	7.9
2	356	29.9	37.8
3	309	26.0	63.8
4	430	36.2	100.0
总计	1189	100.0	—

注:行为意向1表示"等待上级进一步的政策安排和任务要求";行为意向2表示"与上级沟通,争取重视和各方面的支持";行为意向3表示"自主推进,边做边学,遇到问题再向上级请示解决";行为意向4表示"立即着手进行疏解工作,不遗余力完成任务要求"。

为初步探索自变量维稳时间约束与维稳任务清晰度对因变量基层干部行为意向是否存在影响,笔者分别以维稳有无时间限制、维稳有无量化任务指标作为分组因素,分别对两组样本的行为意向进行均值比较。由于作为分组因素的两大自变量各自的两类取值是相互关联的组内变量,因此笔者采用了配对 t 检验法作为参数分析方法。如表6.11所示,使用配对 t 检验法对同一组被调查者分别在有无时间限制的条件下选择的两次行为意向的均值是否存在显著性差异,以及对同一组被调查者分别在有无量化分解的任务指标的条件下选择的两次行为意向的均值是否存在显著性差异进行了统计分析。配对 t 检验结果表明,受访者在无时间限制的条件下和有时间限制的条件下选择的行为意向的均值存在显著统计差异,t 值为 -9.816,自由度为591,$P=0.000$。由于 $P<0.01$,对于被调查者来说,其在有时间限制条件下的行为意向显著高于其在无时间限制条件下的行为意向。同理,被调查者在无量化任务指标的条件下和有量化任务指标的条件下选择的行为意向的均值也存在显著统计差异,t 值为 -8.847,自由度为591,$P=0.000$。由于 $P<0.01$,对于被调查者来说,其在有量化任务指标条件下的行为意向显著高于其在无量化任务指标条件下的行为意向。因此,配对 t 检验结果初步显示了自变量维稳时间约束与维稳任务清晰度对基层干部行为意向存在影响。

表 6.11 因变量行为意向分组配对 t 检验

分组	平均值	标准差	t	自由度	显著性
无时间限制	2.67	0.951	-9.816	591	0.000
有时间限制	3.14	0.963			
无量化任务指标	2.70	0.991	-8.847	591	0.000
有量化任务指标	3.11	0.931			

6.2.4 其他变量描述性分析

表 6.12 对本研究的控制变量,即被调查者的性别、年龄、受教育程度、维稳工作经验进行了描述性统计分析。结果显示,298 名被调查者中,81.2%为男性,平均年龄为 43.65 岁,平均受教育程度均值为 4.33,约为本科及以上的水平,且维稳工作经验较为丰富,均值为 3.96,维稳工作年限相当于两年及以上。对控制变量的描述性分析再次印证了被调查者的整体特征,即为中青年、受过较高水平教育、具有较丰富维稳经验的基层干部。

表 6.12 控制变量描述性分析

变量	个案数	最小值	最大值	平均值	标准差
年龄	289	23	60	43.65	7.143
受教育程度	298	2	5	4.33	0.613
维稳工作经验	292	1	5	3.96	1.233

6.3 方差分析

通常,采用方差分析法对于多个(大于两个)平均数间的差异进行显著性检验(范柏乃、蓝志勇,2013),这也是心理学实验研究常用的主要数据分析方法。因此,在模型分析之前,首先进行方差分析,初步对变量间可能的关系进行探索。第一,对于被调查者在四个情景下的行为意向选择进行一般线性模型重复测量方差分析,探讨同组被调查者在不同的四个情境中行为意向的差异性;第二,采用显著交互性析因方差分析法,对多个变量间的交互性进行初步的方差分析。

6.3.1 相同被调查者在不同情景下行为意向的差异性分析

情景模拟设计是对被调查者进行重复测量(repeated measures),因此数据结构是呈现嵌套层次的多层数据(hierarchical data)。在本研究的情景模拟设计中,对同一组调查对象的行为意向在四个不同情景下进行了四次重复测量,得到了各情景嵌套于个体的重复测量数据。普通方差分析方法需要满足数据独立、正态、等方差性的前提假设,但是,重复测量数据由于数据间相关性的存在,不能完全满足这些前提假设条件。因此,笔者选用的是一般线性模型重复测量方差法来对被调查者在四个不同情境下行为意向的均值进行差异性分析。

一般线性模型重复测量方差法的分析结果表明,这组被调查者在四个不同情景下行为意向的均值存在显著统计性差异,统计参数 $F=58.756$, $P=0.000$。表 6.13 显示了四次不同情境下行为意向的均值和标准差值。表 6.14 展示的主体内多项式对比分析进一步表明,统计均值呈现线性(Linear)显著性,$F=136.012$,$P=0.000<0.01$,表明这组被调查者的行为意向随情景模拟次数增加而有所提高。同时,多项对比分析结果还表明,统计均值的二次方及三次方也均在 1% 的水平上显著,这表明,统计均值之间不仅呈显著线性关系,也存在非线性关系。这暗示了,行为意向不仅随情景改变而出现显著性差异,可能还受到其他因素的影响和调节。

表 6.13 四个不同情景下行为意向的均值与标准差

情 景	平 均 值	标 准 差	观 测 值
情景 1	2.41	0.929	294
情景 2	2.94	0.895	294
情景 3	2.99	0.971	294
情景 4	3.28	0.938	294

表 6.14 一般线性模型重复测量方差法主体内对比检验

源	情景	Ⅲ类平方和	自由度	均方	F	显著性	偏 Eta 平方
情景	线性	105.335	1	105.335	136.012	0.000***	0.317
	二次方	4.287	1	4.287	6.979	0.009***	0.023
	三次方	7.429	1	7.429	12.310	0.001***	0.040
误差(情景)	线性	226.915	293	0.774			
	二次方	179.963	293	0.614			
	三次方	176.821	293	0.603			

注:*** 表示 $P<0.01$。

6.3.2 变量间显著交互性方差分析

本研究是包含多解释变量、单被解释变量的研究,因此,探究被解释变量变异的原因,需要考虑各解释变量及交互项之间的影响。对于这种总体交互性的参数分析,适合选用析因方差分析法。

表 6.15 显示了各解释变量及交互项对于被解释变量应对行为意向的统计交互性结果。

表 6.15 解释变量及交互项对于被解释变量的统计交互性

变量与源	自由度	均方	F
维稳时间约束	1	1.54	1.92
维稳任务清晰度	1	2.36	2.93*
未知感知	1	0.66	0.83
恐惧感知	1	8.04	10.01***
可控性感知	1	0.07	0.09
效能属性感知	1	1.01	1.26
资源属性感知	1	2.02	2.51
维稳时间约束×未知感知	1	0.01	0.02
维稳时间约束×恐惧感知	1	3.64	4.54**
维稳时间约束×可控性感知	1	1.66	2.07
维稳时间约束×效能属性感知	1	0.78	0.98
维稳时间约束×资源属性感知	1	4.27	5.31**
维稳任务清晰度×未知感知	1	1.08	1.34
维稳任务清晰度×恐惧感知	1	0.73	0.91
维稳任务清晰度×可控性感知	1	0.22	0.27
维稳任务清晰度×效能属性感知	1	3.57	4.45**
维稳任务清晰度×资源属性感知	1	0.20	0.25
性别	1	0.95	1.19
年龄	34	1.57	1.95***
受教育程度	3	2.62	3.26**
维稳工作经验	4	1.95	2.43**
残差	1020	0.80	

注:被解释变量为行为意向,$N=1080$,*** 表示 $P<0.01$,** 表示 $P<0.05$,* 表示 $P<0.1$。

析因方差分析的结果表明,在 10% 的水平上,不同维稳任务清晰度下被调查者在被解释变量行为意向的选择上存在统计上的显著差异。在 5% 的水平上,有无维稳时间约束与不同恐惧感知水平的交互项对于被解释变量行为意向存在显著统计交互性,有无维稳时间约束与不同资源属性感知水平的交互项对于被解释变量行为意向存在显著统计交互性,不同维稳任务清晰度与不同效能属性感知水平的交互项对于被解释变量行为意向存在显著统计交互性,不同受教育程度的被调查者在被解释变量行为意向的选择上存在显著差异,不同维稳工作经验的被调查者在被解释变量行为意向的选择上存在显著差异。在1%的水平上,不同恐惧感知水平的调查者在被解释变量行为意向的选择上存在统计上的显著差异,不同年龄的被调查者在被解释变量行为意向的选择上存在显著差异。析因方差分析法的结果初步显示出交互项"维稳时间约束×恐惧感知""维稳时间约束×资源属性感知""维稳任务清晰度×效能属性感知"对被解释变量可能存在的影响,为下一步分层线性模型对调节变量作用的验证提供了初步参考。

6.4 个体感知对行为的影响

在模型估计方面,基于理论框架,首先检验在不考虑外部制度压力因素影响时,个体感知因素对于基层干部社会稳定风险应对行为的影响。如表6.16所示,以每名被调查者在不同情境中的行为意向平均值为因变量进行多元线性回归分析,模型1至模型3分别检验了社会稳定风险感知、效能属性感知、资源属性感知对行为意向的影响,模型4加入了所有感知因素,模型5加入了控制变量(VIF=1.24)。结果显示,当不考虑制度压力因素时,社会稳定风险感知中的恐惧感知在5%的统计水平上对基层干部社会稳定风险应对行为意向产生负向影响,而其他个体感知因素的影响不显著。控制变量中,受教育程度与维稳工作经验在5%的统计水平上正向影响行为意向。总的来看,模型拟合优度较低。这样的回归结果显示,感知因素对于行为意向的直接影响并不明显,可能存在更重要的解释变量。

表6.16 个体感知因素对基层干部社会稳定风险应对行为意向影响的多元线性回归结果

变量名称	模型1	模型2	模型3	模型4	模型5
社会稳定风险感知					
未知感知	0.06			0.07	0.04
	(0.05)			(0.05)	(0.06)
恐惧感知	−0.12**			−0.12**	−0.12**
	(0.05)			(0.05)	(0.05)

续表

变量名称	模型 1	模型 2	模型 3	模型 4	模型 5
可控性感知	0.02			0.05	0.06
	(0.05)			(0.05)	(0.06)
效能属性感知		−0.03		−0.05	−0.06
		(0.05)		(0.06)	(0.06)
资源属性感知			−0.05	−0.04	−0.04
			(0.06)	(0.07)	(0.07)
控制变量					
性别					−0.07
					(0.10)
年龄					0.01
					(0.01)
受教育程度					0.15**
					(0.06)
维稳工作经验					0.07**
					(0.03)
常数项	2.91***	2.99***	3.09***	3.10***	2.09***
	(0.27)	(0.18)	(0.25)	(0.35)	(0.52)
观测值	292	299	297	289	272
R^2	0.02	0.00	0.00	0.03	0.08

注：$N=292$，*** 表示 $P<0.01$，** 表示 $P<0.05$，* 表示 $P<0.1$。

6.5 分层线性模型分析

6.5.1 模型的选择

如"5.5 数据分析方法"一节所述，重复测量数据分层嵌套的随机因素结构违反了普通线性回归的经典假设条件。故而，采用分层线性模型（HLM）来进行模型估计。一方面，HLM 可以很好地克服普通最小二乘回归法忽略分层数据之间相互依赖性的弱点，能够分析多层嵌套数据。另一方面，HLM 最适合检验解释变量跨越多个层次，而被解释变量处于较低层次的分层模型，本研究的被解释变量是个体层次的重复测量数据，符合这一要求（廖卉、庄瑷嘉，2012）。以下将使用 HLM6.08 与 SPSS23.0 两款软件作为分析工具进行 HLM 的数据分析。

6.5.2 缺失值的插补

有效问卷中仍存在个别数据缺失的情况。经检查,缺失数据为随机缺失,不存在系统性的缺失。HLM6.08软件要求数据的完整性,因此,需要对缺失数据进行插补处理。根据学界常规的处理方式(胡红晓等,2007)以及本研究的数据特征,对不同类型的数据分别进行处理。对于定类的数据,以其众数来补齐缺失值;对于定距的数据,以其平均值来补齐缺失值。

6.5.3 HLM中的自变量中心化问题

中心化(centering)指的是将某个自变量都减去同一数值。在HLM中,为了使参数估计和参数意义的解释更加方便,通常会对每一层自变量进行中心化处理。但是,选用哪种中心化处理方法,一直是HLM使用中比较复杂和有争议的话题。通常来说,对于HLM中自变量的中心化有三种处理方法:第一是原始尺度(raw metric),即不作处理;第二是总平均数中心化(grand-mean centering),即某个自变量减去其总均值;第三是组别平均数中心化(group-mean centering),即某个自变量减去其组别平均数(廖卉、庄瑗嘉,2012)。究竟使用哪种中心化的方式,需要根据具体的研究需要而定,学界也存在很大争议(何晓群、闵素芹,2009)。

通常来说,对于第一层模型中自变量中心化方式的选择较为关键。目前的共识是,对于第一层模型,使用原始尺度和总平均数中心化这两种方式得到的模型是等同的,而使用组别平均数中心化与前两者不等价,后者通常更适合解释跨层次的交互作用,有助于提高截距的解释力(Kreft et al.,1995)。对于第二层模型自变量中心化的处理,争议相对较少,通常认为采用原始尺度或总平均数中心化即可,有助于避免多重共线性问题,提高模型估计的稳定性(Enders & Tofighi,2007)。因此,参考已有文献对于HLM中心化议题的讨论,在进行模型设定时,对于第一层模型的自变量进行组别平均数中心化处理,对于第二层模型的自变量进行总平均数中心化处理。

6.5.4 HLM的模型设定

1. 虚无模型(零模型)

在HLM的模型设定中,首先需要设定零模型,来检验因变量在组内和组间皆存在变异,才能证明适合采用HLM。零模型不含自变量,设定如下:

第一层模型：$Y_{ij} = \beta_{0j} + r_{ij}$

第二层模型：$\beta_{0j} = \gamma_{00} + U_{0j}$

其中，Y 代表因变量基层干部社会稳定风险应对行为意向，下标 i、j 代表第 j 组的第 i 个个体。β_{0j} 代表第 j 个组的社会稳定风险应对行为意向平均数。γ_{00} 代表基层干部社会稳定风险应对行为意向的总平均数。r_{ij} 和 U_{0j} 是残差。表 6.17 中的 σ^2 代表 r_{ij} 的方差，即因变量基层干部社会稳定风险应对行为意向的组内方差；τ_{00} 代表 U_{0j} 的方差，即因变量基层干部社会稳定风险应对行为意向的组间方差。

表 6.17 虚无模型（零模型）分析结果

固定效应	虚无模型	
	回归系数	标准误
截距项 γ_{00}	2.90***	0.03
随机效应	方差成分	χ^2 检验
第二层 τ_{00}	0.17	558.29***
第二层 τ_{11}		
第一层 σ^2	0.78	
$R^2_{\text{level-1}}$		
$R^2_{\text{level-2}}$		
$R^2_{\text{level-2 交互作用项}}$		
离异数（$-2LL$）	3310.92	

注：*** 表示 $P<0.01$，** 表示 $P<0.05$，* 表示 $P<0.1$。

由此，可以计算出因变量组间方差的百分比 ICC(1)（intraclass correlation coefficient）的值：

$$\text{ICC}(1) = \tau_{00}/(\sigma^2 + \tau_{00}) = 0.18$$

且卡方检验的结果表明组间方差是显著的，$\chi^2 = 558.29$，$P<0.01$，因此，ICC(1) = 0.18 表示因变量基层干部社会稳定风险应对行为的方差有 18% 来自组间方差，82% 来自组内方差。通常认为，若 ICC(1) 的值大于 0.06，就代表因变量具有显著的组间方差，需要使用 HLM（温福星，2009）。本研究中 ICC(1) 的值通过了零模型检验，可以继续进行 HLM 的模型估计。

2. 随机参数预测模型

第二步，将两个主要的自变量维稳时间约束与维稳任务清晰度加入第一层模型，并估计随机参数模型如下：

第一层模型：$Y_{ij} = \beta_{0j} + \beta_{1j}X_1 + \beta_{2j}X_2 + r_{ij}$

第二层模型：$\beta_{0j} = \gamma_{00} + U_{0j}$
$\beta_{1j} = \gamma_{10} + U_{1j}$
$\beta_{2j} = \gamma_{20} + U_{2j}$

其中，Y 代表因变量基层干部社会稳定风险应对行为意向，X_1 代表自变量维稳时间约束，X_2 代表自变量维稳任务清晰度，下标 i、j 代表第 j 组的第 i 个个体。β_{0j} 代表第 j 个组的社会稳定风险应对行为意向平均数。γ_{00} 代表跨组截距项的平均数，γ_{10}、γ_{20} 代表跨组斜率的平均数。r_{ij}、U_{0j}、U_{1j}、U_{2j} 是残差。表 6.18 中的 σ^2 代表 r_{ij} 的方差，即第一层模型残差的方差；τ_{00} 代表 U_{0j} 的方差，即截距残差的方差；τ_{11}、τ_{12} 代表 U_{1j}、U_{2j} 的方差，即斜率残差的方差。

γ_{10}、γ_{20} 代表第一层模型中的两个自变量 X_1、X_2 与因变量 Y 的估计参数，由表 6.18 可知，两个自变量的回归系数都在 1% 的水平上显著，说明自变量维稳时间约束与维稳任务清晰度对因变量基层干部社会稳定风险应对行为意向具有显著的正向影响。

另外，$R^2_{\text{level-1}}$ 表示组内方差 σ^2 相较于零模型方差 σ^2 的变化情况：

$R^2_{\text{level-1}} = (\sigma^2 \text{ of null model} - \sigma^2 \text{ of step2}) / \sigma^2 \text{ of null model} = 0.23$

这表示，因变量的组内方差有 23% 可以被自变量维稳时间约束和维稳任务清晰度所解释。

表 6.18　随机模型分析结果

固定效应	随机模型	
	回归系数	标准误
截距项 γ_{00}	2.90***	0.03
level-1 预测因子		
维稳时间约束	0.47***	0.05
维稳任务清晰度	0.42***	0.05
随机效应	方差成分	χ^2 检验
第二层 τ_{00}	0.22	736.81***
第二层 τ_{11}	0.11	352.94**
第二层 τ_{12}	0.07	330.12
第一层 σ^2	0.60	
$R^2_{\text{level-1}}$	0.23	
$R^2_{\text{level-2}}$		
$R^2_{\text{level-2}}$ 交互作用项		
离异数（-2LL）	3148.69	

注：*** 表示 $P<0.01$，** 表示 $P<0.05$，* 表示 $P<0.1$。

3. 截距预测模型

第三步,将感知变量和控制变量引入第二层模型,并估计以下以截距为结果变量的模型:

第一层模型:$Y_{ij} = \beta_{0j} + \beta_{1j}X_1 + \beta_{2j}X_2 + r_{ij}$

第二层模型:$\beta_{0j} = \gamma_{00} + \gamma_{01}M_1 + \gamma_{02}M_2 + \gamma_{03}M_3 + \gamma_{04}M_4 + \gamma_{05}M_5 + \gamma_{06}X_3 + \gamma_{07}X_4 + \gamma_{08}X_5 + \gamma_{09}X_6 + U_{0j}$

$\beta_{1j} = \gamma_{10} + U_{1j}$

$\beta_{2j} = \gamma_{20} + U_{2j}$

其中,Y代表因变量基层干部社会稳定风险应对行为意向,X_1代表自变量时间约束,X_2代表自变量维稳任务清晰度,M_1代表调节变量未知感知,M_2代表调节变量恐惧感知,M_3代表调节变量可控性感知,M_4代表调节变量效能属性感知,M_5代表调节变量资源属性感知,X_3代表控制变量性别,X_4代表控制变量年龄,X_5代表控制变量受教育程度,X_6代表控制变量维稳工作经验,下标i、j代表第j组的第i个个体。

γ_{00}代表第二层模型的截距项,γ_{01}、γ_{02}、γ_{03}、γ_{04}、γ_{05}、γ_{06}、γ_{07}、γ_{08}、γ_{09}分别代表加入自变量后调节变量与控制变量对因变量的影响效果,γ_{10}、γ_{20}分别代表两个自变量对于因变量的影响效果。表6.19中的σ^2代表r_{ij}的方差,即第一层模型残差的方差;τ_{00}代表U_{0j}的方差,即截距残差的方差;τ_{11}、τ_{12}代表U_{1j}、U_{2j}的方差,即斜率残差的方差。

由表6.19可知,自变量X_1、X_2、X_4、X_5、X_6的回归系数γ_{10}、γ_{20}、γ_{07}、γ_{08}、γ_{09}都在1%的水平上显著,说明自变量维稳时间约束与维稳任务清晰度对因变量基层干部社会稳定风险应对行为意向具有显著的正向影响。控制变量年龄在10%的显著性水平上对于因变量具有正向影响,受教育程度在1%的显著性水平上对因变量具有正向影响,维稳工作经验在5%的显著性水平上对因变量具有正向影响。

$R^2_{\text{level-2}}$表示截距模型的τ_{00}相较于随机模型的τ_{00}的变化情况:

$$R^2_{\text{level-2}} = (\tau_{00} \text{ of step2} - \tau_{00} \text{ of step3})/\tau_{00} \text{ of step2} = 0.09$$

这表示,因变量的组间方差有9%可以被调节变量与控制变量所解释。

另外,τ_{11}与τ_{12}方差成分的卡方检验均显著,说明自变量X_1、X_2对因变量Y的影响在组间存在显著变异,因此,需要进一步检验调节效应。

表 6.19 截距模型分析结果

固定效应	截距模型	
	回归系数	标准误
截距项 γ_{00}	2.90***	0.03
level-1 预测因子		
维稳时间约束	0.47***	0.05
维稳任务清晰度	0.42***	0.05
level-2 预测因子		
未知感知	0.01	0.05
恐惧感知	−0.08	0.05
可控性感知	0.05	0.05
效能属性感知	−0.07	0.05
资源属性感知	−0.04	0.06
控制变量		
性别	−0.02	0.08
年龄	0.01*	0.01
受教育程度	0.14***	0.05
维稳工作经验	0.07**	0.03
随机效应	方差成分	χ^2 检验
第二层 τ_{00}	0.20	684.31***
第二层 τ_{11}	0.12	354.06**
第二层 τ_{12}	0.08	331.18*
第一层 σ^2	0.60	
$R^2_{\text{level-1}}$		
$R^2_{\text{level-2}}$	0.09	
$R^2_{\text{level-2 交互作用项}}$		
离异数(−2LL)	3168.14	

注：*** 表示 $P<0.01$，** 表示 $P<0.05$，* 表示 $P<0.1$。

4. 斜率预测模型(完整模型)

第四步，为了进行调节效果的检验，将第二层模型中的感知变量作为斜率系数的预测因子，估计以下以斜率为结果变量的模型：

第一层模型：$Y_{ij} = \beta_{0j} + \beta_{1j}X_1 + \beta_{2j}X_2 + r_{ij}$

第二层模型：
$$\beta_{0j} = \gamma_{00} + \gamma_{01}M_1 + \gamma_{02}M_2 + \gamma_{03}M_3 + \gamma_{04}M_4 + \gamma_{05}M_5 + \gamma_{06}X_3 + \gamma_{07}X_4 + \gamma_{08}X_5 + \gamma_{09}X_6 + U_{0j}$$
$$\beta_{1j} = \gamma_{10} + \gamma_{11}M_1 + \gamma_{12}M_2 + \gamma_{13}M_3 + \gamma_{14}M_4 + \gamma_{15}M_5 + U_{1j}$$
$$\beta_{2j} = \gamma_{20} + \gamma_{21}M_1 + \gamma_{22}M_2 + \gamma_{23}M_3 + \gamma_{24}M_4 + \gamma_{25}M_5 + U_{2j}$$

其中，Y 代表因变量基层干部社会稳定风险应对行为意向，X_1 代表自变量维稳时间约束，X_2 代表自变量维稳任务清晰度，M_1 代表调节变量未知感知，M_2 代表调节变量恐惧感知，M_3 代表调节变量可控性感知，M_4 代表调节变量效能属性感知，M_5 代表调节变量资源属性感知，X_3 代表控制变量性别，X_4 代表控制变量年龄，X_5 代表控制变量受教育程度，X_6 代表控制变量维稳工作经验，下标 i、j 代表第 j 组的第 i 个个体。

γ_{00} 代表第二层模型的截距项，γ_{01}、γ_{02}、γ_{03}、γ_{04}、γ_{05}、γ_{06}、γ_{07}、γ_{08}、γ_{09} 代表第二层模型的斜率，γ_{10}、γ_{20} 代表第二层模型的截距项，γ_{11}、γ_{12}、γ_{13}、γ_{14}、γ_{15}、γ_{21}、γ_{22}、γ_{23}、γ_{24}、γ_{25} 代表调节变量对两个自变量与因变量 Y 关系的调节效果。表 6.20 中的 σ^2 代表 r_{ij} 的方差，即第一层模型残差的方差；τ_{00} 代表 U_{0j} 的方差，即截距残差的方差；τ_{11}、τ_{12} 代表 U_{1j}、U_{2j} 的方差，即斜率残差的方差。

由表 6.20 可知，完整模型（斜率分析模型）的结果显示，在控制了个体因素的基础情况下，自变量维稳时间约束与维稳任务清晰度均对因变量行为意向在 1% 的显著性水平上有正向影响。即，维稳时间约束越大，基层干部的社会稳定风险应对行为意向越强；维稳任务越清晰，基层干部的社会稳定风险应对行为意向越强。另外，在 10% 的显著性水平上，恐惧感知对行为意向具有负向影响，即，干部的恐惧感知越强，其社会稳定风险应对行为意向越弱。控制变量中，年龄、受教育程度、维稳工作时间均对因变量行为意向具有正向影响，即，干部的年龄越大、受教育程度越高、维稳工作时间越长，其社会稳定风险应对行为意向越强。在交互项中，在 1% 的显著性水平上，"维稳时间约束×恐惧感知"与"维稳任务清晰度×效能属性感知"的系数显著为负，"维稳时间约束×资源属性感知"的系数为正具有统计上的显著性。这表明，恐惧感知对于维稳时间约束与行为意向之间的正向关系起到了负向调节的作用，随着干部恐惧感知的增强，时间约束对于干部社会稳定风险应对行为的正向影响越来越弱；效能属性感知对于维稳任务清晰度与行为意向之间的正向关系起到了负向调节的作用，随着干部效能属性感知的增强，维稳任务清晰度对于干部社会稳定风险应对行为的正向影响越来越弱；资源属性感知对于时间约束与行为意向之间的正向关系起到了正向调节的作用，随着干部资源属性感知的增强，时间约束对于干部社会稳定风险应对行为的正向影响越来越强。在 10% 的显著性水平上，交互项"维稳时间约束×可控性感知"的系数为负，具有统计上的显著性，这显示出可控性感知对于维稳时间约束和行为意向之间正向关系的负向调节作用,可控性感知越高,维稳时间约束对行为意向的正向影响越弱。表 6.21 为 HLM 斜率模式也就是完整模型的分析结果。经检验,完整模型的 VIF 值为 5.37,VIF 小于 10,说明模型不存在严重的多重共线性问题。

表 6.20 斜率模型(完整模型)分析结果

固定效应	斜率模型	
	回归系数	标准误
截距项 γ_{00}	2.90***	0.03
level-1 预测因子		
维稳时间约束	0.47***	0.05
维稳任务清晰度	0.42***	0.05
level-2 预测因子		
未知感知	0.01	0.05
恐惧感知	−0.09*	0.05
可控性感知	0.04	0.05
效能属性感知	−0.07	0.05
资源属性感知	−0.03	0.06
控制变量		
性别	−0.02	0.08
年龄	0.01*	0.01
受教育程度	0.14***	0.05
维稳工作经验	0.07**	0.03
跨层次交互作用		
维稳时间约束×未知感知	−0.01	0.07
维稳时间约束×恐惧感知	−0.21***	0.07
维稳时间约束×可控性感知	−0.13*	0.07
维稳时间约束×效能属性感知	−0.08	0.07
维稳时间约束×资源属性感知	0.23***	0.09
维稳任务清晰度×未知感知	−0.07	0.07
维稳任务清晰度×恐惧感知	0.07	0.06
维稳任务清晰度×可控性感知	0.09	0.07
维稳任务清晰度×效能属性感知	−0.20***	0.07
维稳任务清晰度×资源属性感知	0.06	0.08

续表

固定效应	斜率模型	
	回归系数	标准误
随机效应	方差成分	χ^2 检验
第二层 τ_{00}	0.20	684.05***
第二层 τ_{11}	0.10	337.88**
第二层 τ_{12}	0.08	324.32
第一层 σ_2	0.59	
$R^2_{\text{level-1}}$		
$R^2_{\text{level-2}}$		
$R^2_{\text{level-2 交互作用项}}$	0.17/0	
离异数($-2LL$)	3175.76	

注：*** 表示 $P<0.01$，** 表示 $P<0.05$，* 表示 $P<0.1$。

另外，$R^2_{\text{level-2 交互作用项}}$ 表示斜率模型的 τ_{li} 相较于截距模型的变化情况：

$$R^2_{\text{level-2 交互作用项1}} = (\tau_{11} \text{ of step3} - \tau_{11} \text{ of step4})/\tau_{11} \text{ of step 3} = 0.17$$

$$R^2_{\text{level-2 交互作用项2}} = (\tau_{12} \text{ of step3} - \tau_{12} \text{ of step4})/\tau_{12} \text{ of step 3} = 0$$

这表示，引入调节变量可以分别减少第二层模型两个斜率项 17%、0% 的变异程度。

5. 调节效应分析

（1）社会稳定风险感知的调节效应

HLM 估计的结果显示，在社会稳定风险感知中，恐惧感知与可控性感知对于维稳时间约束与基层干部社会稳定风险应对行为意向之间的正向关系具有负向调节作用。以下对此进行详细分析。

由完整模型可知，当不考虑恐惧感知的调节效应时，维稳时间约束 X_1 每增加 1 个单位，因变量基层干部社会稳定风险应对行为意向增加 0.47 个单位。当考虑恐惧感知的调节作用时，恐惧感知 M_2 对于维稳时间约束 X_1 与因变量 Y_{ij} 基层干部社会稳定风险应对行为意向间关系的调节作用由以下公式决定：

$$\frac{\partial Y_{ij}}{\partial X_1} = \beta_1 + \gamma_{12} \cdot M_2$$

代入完整模型中的回归系数可以得到图 6.1。

表 6.21 HLM 分析结果汇总

固定效应	虚无模型		随机模型		截距模型		斜率模型	
	回归系数	标准误	回归系数	标准误	回归系数	标准误	回归系数	标准误
截距项 γ_{00}	2.90***	0.03	2.90***	0.03	2.90***	0.03	2.90***	0.03
level-1 预测因子								
维稳时间约束			0.47***	0.05	0.47***	0.05	0.47***	0.05
维稳任务清晰度			0.42***	0.05	0.42***	0.05	0.42***	0.05
level-2 预测因子								
未知感知					0.01	0.05	0.01	0.05
恐惧感知					−0.08	0.05	−0.09*	0.05
可控性感知					0.05	0.05	0.04	0.05
效能属性感知					−0.07	0.05	−0.07	0.05
资源属性感知					−0.04	0.06	−0.03	0.06
性别					−0.02	0.08	−0.02	0.08
年龄					0.01*	0.01	0.01*	0.01
受教育程度					0.14***	0.05	0.14***	0.05
维稳工作经验					0.07**	0.03	0.07**	0.03
跨层次交互作用								
维稳时间约束×未知感知							−0.01	0.07
维稳时间约束×恐惧感知							−0.21***	0.07
维稳时间约束×可控性感知							−0.13*	0.07
维稳时间约束×效能属性感知							−0.08	0.07
维稳时间约束×资源属性感知							0.23***	0.09
维稳任务清晰度×未知感知							−0.07	0.07

续表

固定效应	虚无模型			随机模型			截距模型			斜率模型		
	回归系数	标准误	χ^2检验	回归系数	标准误	χ^2检验	回归系数	标准误	χ^2检验	回归系数	标准误	χ^2检验
维稳任务清晰度×恐惧感知										0.07	0.06	
维稳任务清晰度×可控性感知										0.09	0.07	
维稳任务清晰度×效能属性感知										-0.20^{***}	0.07	
维稳任务清晰度×资源属性感知										0.06	0.08	
随机效应	方差成分			方差成分			方差成分			方差成分		
第二层 τ_{00}	0.17		558.29^{***}	0.22		736.81^{***}	0.20		684.31^{***}	0.20		684.05^{***}
第二层 τ_{11}				0.11		352.94^{**}	0.12		354.06^{**}	0.10		337.88^{**}
第二层 τ_{12}				0.07		330.12	0.08		331.18^{*}	0.08		324.32
第一层 σ^2	0.78			0.60			0.60			0.59		
$R^2_{\text{level-1}}$				0.23								
$R^2_{\text{level-2}}$							0.09					
$R^2_{\text{level-2 交互作用项}}$										0.17/0		
离异数($-2LL$)	3310.92			3148.69			3168.14			3175.76		

注: *** 表示 $P<0.01$, ** 表示 $P<0.05$, * 表示 $P<0.1$。

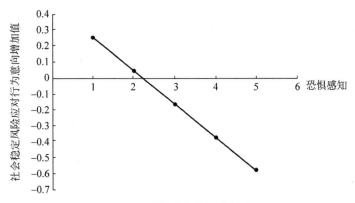

图 6.1　恐惧感知的调节效应

恐惧感知的取值范围为 1~5,由图 6.1 可知,当恐惧感知为 1 时,如果维稳时间约束增加 1,因变量基层干部社会稳定风险应对行为意向将增加 0.26;当恐惧感知为 2 时,如果维稳时间约束增加 1,基层干部社会稳定风险应对行为意向将增加 0.05;当恐惧感知为 3 时,如果维稳时间约束增加 1,基层干部社会稳定风险应对行为意向将减少 0.16;当恐惧感知为 4 时,如果维稳时间约束增加 1,基层干部社会稳定风险应对行为意向将减少 0.37;当恐惧感知为 5 时,如果维稳时间约束增加 1,基层干部社会稳定风险应对行为意向将减少 0.58。由此可以看出,恐惧感知越高时,维稳时间约束对基层干部社会稳定风险应对行为意向的正向影响就越弱。当恐惧感知到达 3 及以上时,维稳时间约束越大,基层干部的社会稳定风险应对行为意向越消极。

由完整模型可知,当不考虑可控性感知的调节效应时,维稳时间约束 X_1 每增加 1 个单位,因变量基层干部社会稳定风险应对行为意向增加 0.47 个单位。当考虑可控性感知的调节作用时,可控性感知 M_3 对于维稳时间约束 X_1 与因变量 Y_{ij} 基层干部社会稳定风险应对行为意向间关系的调节作用由以下公式决定:

$$\frac{\partial Y_{ij}}{\partial X_1} = \beta_1 + \gamma_{13} \cdot M_3$$

代入完整模型中的回归系数可以得到图 6.2。

可控性感知的取值范围为 1~5,由图 6.2 可知,当可控性感知为 1 时,如果维稳时间约束增加 1,因变量基层干部社会稳定风险应对行为意向将增加 0.34;当可控性感知为 2 时,如果维稳时间约束增加 1,基层干部社会

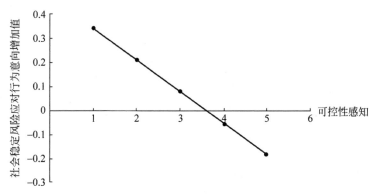

图 6.2　可控性感知的调节效应

稳定风险应对行为意向将增加 0.21；当可控性感知为 3 时，如果维稳时间约束增加 1，基层干部社会稳定风险应对行为意向将增加 0.08；当可控性感知为 4 时，如果维稳时间约束增加 1，基层干部社会稳定风险应对行为意向将减少 0.05；当可控性感知为 5 时，如果维稳时间约束增加 1，基层干部社会稳定风险应对行为意向将减少 0.18。由此可以看出，可控性感知越高时，维稳时间约束对基层干部社会稳定风险应对行为意向的正向影响就越弱。当可控性感知到达 4 及以上时，维稳时间约束越大，基层干部的社会稳定风险应对行为意向越消极。

(2) 资源属性感知的调节效应

HLM 估计的结果显示，资源属性感知对于维稳时间约束与基层干部社会稳定风险应对行为意向之间的关系具有正向调节作用。由完整模型可知，当不考虑资源属性感知的调节效应时，维稳时间约束 X_1 每增加 1 个单位，因变量基层干部社会稳定风险应对行为意向增加 0.47 个单位。当考虑资源属性感知的调节作用时，资源属性感知 M_5 对于维稳时间约束 X_1 与因变量 Y_{ij} 基层干部社会稳定风险应对行为意向间关系的调节作用由以下公式决定：

$$\frac{\partial Y_{ij}}{\partial X_1} = \beta_1 + \gamma_{15} \cdot M_5$$

代入完整模型中的回归系数可以得到图 6.3。

资源属性感知的取值范围为 1~5，由图 6.3 可知，当资源属性感知为 1 时，如果维稳时间约束增加 1，因变量基层干部社会稳定风险应对行为意向将增加 0.7；当资源属性感知为 2 时，如果维稳时间约束增加 1，基层干部

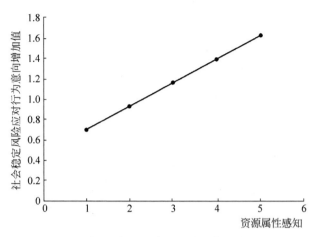

图 6.3　资源属性感知的调节效应

社会稳定风险应对行为意向将增加 0.93；当资源属性感知为 3 时，如果维稳时间约束增加 1，基层干部社会稳定风险应对行为意向将增加 1.16；当资源属性感知为 4 时，如果维稳时间约束增加 1，基层干部社会稳定风险应对行为意向将增加 1.39；当资源属性感知为 5 时，如果维稳时间约束增加 1，基层干部社会稳定风险应对行为意向将增加 1.62。由此可以看出，资源属性感知越高时，维稳时间约束对基层干部社会稳定风险应对行为意向的正向影响就越强。

（3）效能属性感知的调节效应

HLM 估计的结果显示，效能属性感知对于维稳任务清晰度与基层干部社会稳定风险应对行为意向之间的关系具有负向调节作用。由完整模型可知，当不考虑效能属性感知的调节效应时，维稳任务清晰度 X_2 每增加 1 个单位，因变量基层干部社会稳定风险应对行为意向增加 0.42 个单位。当考虑效能属性感知的调节作用时，效能属性感知 M_4 对于维稳任务清晰度 X_2 与因变量 Y_{ij} 基层干部社会稳定风险应对行为意向间关系的调节作用由以下公式决定：

$$\frac{\partial Y_{ij}}{\partial X_2} = \beta_2 + \gamma_{14} \cdot M_4$$

代入完整模型中的回归系数可以得到图 6.4。

效能属性感知的取值范围为 1~5，由图 6.4 可知，当效能属性感知为 1 时，如果维稳任务清晰度增加 1，因变量基层干部社会稳定风险应对行为意

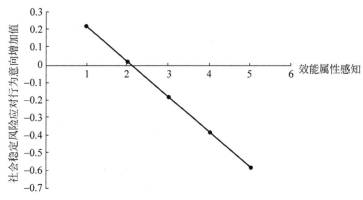

图 6.4　效能属性感知的调节效应

向将增加 0.22；当效能属性感知为 2 时，如果维稳任务清晰度增加 1，基层干部社会稳定风险应对行为意向将增加 0.02；当效能属性感知为 3 时，如果维稳任务清晰度增加 1，基层干部社会稳定风险应对行为意向将减少 0.18；当效能属性感知为 4 时，如果维稳任务清晰度增加 1，基层干部社会稳定风险应对行为意向将减少 0.38；当效能属性感知为 5 时，如果维稳任务清晰度增加 1，基层干部社会稳定风险应对行为意向将减少 0.58。由此可以看出，效能属性感知越高时，维稳任务清晰度与基层干部社会稳定风险应对行为意向间的正向关系就越会被削弱。当效能属性感知到达 3 及以上时，维稳任务清晰度越大，基层干部的社会稳定风险应对行为意向越消极。

6.6　稳健性检验

6.6.1　OLS 估计检验

为检验 HLM 的稳健性，引入 OLS 回归模型对数据重新进行模型估计，检验 HLM 的结果是否仍然有效。如表 6.22 所示，共引入 4 个 OLS 回归模型进行检验，因变量均为基层干部风险应对行为意向。模型 1 检验制度变量维稳时间约束和维稳任务清晰度对因变量行为意向的影响，回归模型显示维稳时间约束与维稳任务清晰度对行为意向均呈现显著的正向影响。模型 2 加入控制变量性别、年龄、受教育程度、维稳工作经验，结果显示：在控制了个体特征变量之后，制度变量维稳时间约束与维稳任务清晰度对行为意向的影响仍是正向显著的，且年龄、受教育程度、维稳工作经验也显著正向影响行为意向。在模型2的基础上，模型3加入了感知变量，结果显示：维稳时间约束、维稳任务清晰度、受教育程度、维稳工作经验对行为意向的影响仍是正向显著的，恐惧感知显著负向影响行为意向。模型4为完整模型，在模型3的基础上又引入了感知变量与制度变量的交互项，结果显示维稳任务清晰度、受教育程度、维稳工作经验仍对因变量具有显著正向影响，资源属性感知对因变量具有显著负向影响；交互项"维稳时间约束×恐惧感知""维稳任务清晰度×效能属性感知"的系数显著为负，说明恐惧感知对于维稳时间约束与行为意向的关系具有负向调节作用，效能属性感知对于维稳任务清晰度与行为意向的关系具有负向调节作用；"维稳时间约束×资源属性感知"的系数显著为正，说明资源属性感知对维稳时间约束与行为意向之间的关系具有正向调节作用。从模型1到模型4，随着自变量的增加，模型的R^2不断增大，说明总体模型具有更好的拟合优度。总的来看，OLS回归结果与HLM回归结果在系数的方向和显著性方面基本一致。由于数据本身是重复测量的分层嵌套数据，数据之间不独立，具有相关性，OLS回归的结果可能会导致共线性问题，因此在模型4中维稳时间约束的系数不显著。经检验，VIF＝23.92，大于10，说明OLS回归确实存在部分的共线性问题。根据本研究的数据结构特征，使用HLM可以得到比OLS回归模型更优的估计结果，HLM的结果是更为准确的。

表6.22 OLS模型回归系数估计结果

变量名称	模型1	模型2	模型3	模型4
维稳时间约束	0.470***	0.495***	0.509***	0.694
	(0.054)	(0.055)	(0.056)	(0.507)
维稳任务清晰度	0.419***	0.423***	0.428***	0.853*
	(0.054)	(0.055)	(0.056)	(0.507)
未知感知			0.028	0.079
			(0.041)	(0.070)
恐惧感知			−0.089**	−0.046
			(0.037)	(0.064)
可控性感知			0.067	0.103
			(0.042)	(0.071)
效能属性感知			−0.068	0.058
			(0.042)	(0.071)
资源属性感知			−0.029	−0.171*
			(0.052)	(0.089)

续表

变量名称	模型1	模型2	模型3	模型4
维稳时间约束×未知感知				−0.011
				(0.081)
维稳时间约束×恐惧感知				−0.155**
				(0.074)
维稳时间约束×可控性感知				−0.115
				(0.081)
维稳时间约束×效能属性感知				−0.080
				(0.082)
维稳时间约束×资源属性感知				0.233**
				(0.103)
维稳任务清晰度×未知感知				−0.092
				(0.081)
维稳任务清晰度×恐惧感知				0.070
				(0.074)
维稳任务清晰度×可控性感知				0.042
				(0.081)
维稳任务清晰度×效能属性感知				−0.172**
				(0.082)
维稳任务清晰度×资源属性感知				0.051
				(0.103)
性别		0.015	−0.002	−0.003
		(0.072)	(0.074)	(0.074)
年龄		0.009**	0.007	0.007
		(0.004)	(0.004)	(0.004)
受教育程度		0.127***	0.133***	0.133***
		(0.046)	(0.046)	(0.046)
维稳工作经验		0.063**	0.072***	0.072***
		(0.025)	(0.025)	(0.025)
常数项	2.460***	1.213	1.513	1.208**
	(0.047)	(0.316)	(0.392)	(0.529)
观测值	1189	1123	1080	1080
R^2	0.103	0.127	0.144	0.158

注：*** 表示 $P<0.01$，** 表示 $P<0.05$，* 表示 $P<0.1$；括号中为标准误。

6.6.2 其他自变量中心化方式检验

如6.5.3中对HLM自变量中心化问题的讨论所述，HLM中使用哪种自变量中心化方式,特别是第一层模型自变量中心化的处理,对于模型估计结果有较大影响,一直以来也存在较大的争议。参考已有文献对于HLM中心化议题的讨论,笔者对于第一层模型的自变量进行了组别平均数中心化(group-mean centering)的处理。通常来说,对于第一层模型,使用原始尺度和总平均数中心化这两种方式得到的模型是等同的,使用组别平均数中心化与前两者不等价。

本节通过对第一层模型的自变量进行总平均数中心化(grand-mean centering)处理来对HLM估计的结果进行稳健性检验。第二层模型的处理方式不变,仍然使用总平均数中心化的方法。如表6.23所示,改变第一层自变量中心化方式之后,HLM估计结果保持不变。这说明,原模型中第一层自变量中心化方式的选择对HLM的估计结果没有影响。

6.6.3　分样本检验

在街道、乡镇层级的基层政府中,对社会稳定风险的应对往往是由领导干部作出决策,非领导干部执行领导干部的决定,因此,领导岗位与非领导岗位基层干部行为的影响因素可能存在差异。根据问卷调查中被调查者填答的基本信息,将样本分为领导干部组和非领导干部组分别进行HLM分析[①]。经过分组,领导干部组共244份有效问卷,976个样本;非领导干部组共56份有效问卷,224个样本。将两组样本分别使用HLM进行分析,结果如表6.24、表6.25所示。

表6.24展示了领导干部组的HLM分析结果。完整模型显示,对于领导干部来说,维稳时间约束、维稳任务清晰度、恐惧感知、年龄、受教育程度、维稳工作经验显著影响其社会稳定风险应对行为,恐惧感知与可控性感知显著负向调节维稳时间约束对社会稳定风险应对行为意向的影响,资源属性感知显著正向调节维稳时间约束对社会稳定风险应对行为意向的影响,效能属性感知显著负向调节维稳任务清晰度对社会稳定风险应对行为意向的影响。与全样本的检验结果相比,领导干部组的分析结果与全样本时保持一致,个别系数的显著性有所提高,系数绝对值有所增大,说明领导干部组的模型估计结果更优。

---

① 见附录C调查问卷,在基本信息部分,询问被调查者的工作岗位是否为领导岗位,请被调查者作出选择。

表 6.23 第一层自变量采用总平均数中心化的模型分析结果

固定效应	虚无模型		随机模型		截距模型		斜率模型	
	回归系数	标准误	回归系数	标准误	回归系数	标准误	回归系数	标准误
截距项 γ_{00}	2.90***	0.03	2.90***	0.03	2.90***	0.03	2.90***	0.03
level-1 预测因子								
维稳时间约束			0.47***	0.05	0.47***	0.05	0.47***	0.05
维稳任务清晰度			0.42***	0.05	0.42***	0.05	0.42***	0.05
level-2 预测因子								
未知感知					0.01	0.05	0.01	0.05
恐惧感知					−0.08	0.05	−0.09*	0.05
可控性感知					0.05	0.05	0.04	0.05
效能属性感知					−0.07	0.05	−0.07	0.05
资源属性感知					−0.04	0.06	−0.03	0.06
控制变量								
性别					−0.02	0.08	−0.02	0.08
年龄					0.01*	0.01	0.01*	0.01
受教育程度					0.14***	0.05	0.14***	0.05
维稳工作经验					0.07**	0.03	0.07**	0.03
跨层次交互作用								
维稳时间约束×未知感知							−0.01	0.07
维稳时间约束×恐惧感知							−0.21***	0.07
维稳时间约束×可控性感知							−0.13*	0.07
维稳时间约束×效能属性感知							−0.08	0.07
维稳时间约束×资源属性感知							0.23***	0.09

续表

固定效应	虚无模型		随机模型				截距模型				斜率模型			
	回归系数	标准误	回归系数	方差成分	标准误	χ²检验	回归系数	方差成分	标准误	χ²检验	回归系数	方差成分	标准误	χ²检验
维稳任务清晰度×未知感知											-0.07		0.07	
维稳任务清晰度×恐惧感知											0.07		0.06	
维稳任务清晰度×可控性感知											0.09		0.07	
维稳任务清晰度×效能属性感知											-0.20***		0.07	
维稳任务清晰度×资源属性感知											0.06		0.08	
随机效应	方差成分	χ²检验	回归系数	方差成分	标准误	χ²检验	回归系数	方差成分	标准误	χ²检验	回归系数	方差成分	标准误	χ²检验
第二层 τ_{00}	0.17	558.29***		0.22		736.81***		0.20		684.31***		0.20		684.05***
第二层 τ_{11}				0.11		352.94**		0.12		354.06**		0.10		337.88**
第二层 τ_{12}				0.07		330.12		0.08		331.18*		0.08		324.32
第一层 σ^2	0.78			0.60				0.60				0.59		
$R^2_{\text{level-1}}$			0.23											
$R^2_{\text{level-2}}$							0.09							
$R^2_{\text{level-2}}$ 交互作用项											0.17/0			
离异数(-2LL)	3310.92		3148.69				3168.14				3175.76			

注：*** 表示 $P<0.01$，** 表示 $P<0.05$，* 表示 $P<0.1$。

表 6.24 领导干部组 HLM 分析结果

固定效应	虚无模型		随机模型		截距模型		斜率模型	
	回归系数	标准误	回归系数	标准误	回归系数	标准误	回归系数	标准误
截距项 γ_{00}	2.92***	0.04	2.92***	0.04	2.92***	0.04	2.92***	0.04
level-1 预测因子								
维稳时间约束			0.47***	0.06	0.47***	0.06	0.47***	0.05
维稳任务清晰度			0.43***	0.05	0.43***	0.05	0.43***	0.05
level-2 预测因子								
未知感知					0.05	0.05	0.05	0.05
恐惧感知					−0.10*	0.06	−0.12**	0.06
可控性感知					0.04	0.05	0.03	0.05
效能属性感知					−0.08*	0.05	−0.08	0.05
资源属性感知					−0.03	0.06	−0.01	0.06
控制变量								
性别					−0.00	0.09	−0.00	0.09
年龄					0.02**	0.01	0.02**	0.01
受教育程度					0.14**	0.06	0.14**	0.06
维稳工作经验					0.07**	0.04	0.07**	0.04
跨层次交互作用								
维稳时间约束×未知感知							−0.05	0.07
维稳时间约束×恐惧感知							−0.25***	0.07
维稳时间约束×可控性感知							−0.14*	0.08
维稳时间约束×效能属性感知							−0.10	0.07
维稳时间约束×资源属性感知							0.28***	0.10

续表

固定效应	虚无模型			随机模型				截距模型				斜率模型			
	回归系数	标准误	χ^2检验	回归系数	方差成分	标准误	χ^2检验	回归系数	方差成分	标准误	χ^2检验	回归系数	方差成分	标准误	χ^2检验
维稳任务清晰度×未知感知												−0.06		0.07	
维稳任务清晰度×恐惧感知												0.07		0.07	
维稳任务清晰度×可控性感知												0.05		0.08	
维稳任务清晰度×效能属性感知												−0.21***		0.07	
维稳任务清晰度×资源属性感知												0.05		0.09	
随 机 效 应	方差成分	标准误	χ^2检验	方差成分	回归系数	标准误	χ^2检验	回归系数	方差成分	标准误	χ^2检验	回归系数	方差成分	标准误	χ^2检验
第二层 τ_{00}	0.16	428.50***		0.20		561.90***		0.18		511.74***		0.18		516.00***	
第二层 τ_{11}					0.13	293.21**			0.14	297.36**			0.11	276.94**	
第二层 τ_{12}					0.05	263.34			0.07	267.07			0.06	258.38	
第一层 σ^2	0.82			0.62				0.61				0.61			
$R^2_{\text{level-1}}$				0.24											
$R^2_{\text{level-2}}$								0.1							
$R^2_{\text{level-2}}$ 交互作用项												0.21/0.14			
离异数(−2LL)	2712.33			2580.41				2595.00				2599.02			

注：*** 表示 $P<0.01$，** 表示 $P<0.05$，* 表示 $P<0.1$。

表 6.25 非领导干部组 HLM 分析结果

固定效应	虚无模型		随机模型		截距模型		斜率模型	
	回归系数	标准误	回归系数	标准误	回归系数	标准误	回归系数	标准误
截距项 γ_{00}	2.84***	0.08	2.84***	0.08	2.84***	0.08	2.84***	0.08
level-1 预测因子								
维稳时间约束			0.47***	0.10	0.47***	0.10	0.47***	0.09
维稳任务清晰度			0.34***	0.10	0.34***	0.10	0.34***	0.10
level-2 预测因子								
未知感知					−0.13	0.12	−0.13	0.12
恐惧感知					0.06	0.12	0.06	0.12
可控性感知					0.08	0.13	0.08	0.13
效能属性感知					−0.02	0.14	−0.02	0.14
资源属性感知					−0.10	0.19	−0.10	0.19
控制变量								
性别					−0.05	0.23	−0.05	0.23
年龄					−0.01	0.01	−0.01	0.01
受教育程度					0.15	0.23	0.15	0.23
维稳工作经验					0.10	0.08	0.10	0.08
跨层次交互作用								
维稳时间约束×未知感知							0.13	0.14
维稳时间约束×恐惧感知							−0.03	0.14
维稳时间约束×可控性感知							−0.12*	0.13
维稳时间约束×效能属性感知							0.08	0.16
维稳时间约束×资源属性感知							−0.01	0.16

续表

固定效应	虚无模型			随机模型			截距模型			斜率模型		
	回归系数	标准误	χ²检验	回归系数	标准误	χ²检验	回归系数	标准误	χ²检验	回归系数	标准误	χ²检验
维稳任务清晰度×未知感知										−0.08	0.13	
维稳任务清晰度×恐惧感知										0.02	0.11	
维稳任务清晰度×可控性感知										0.31**	0.14	
维稳任务清晰度×效能属性感知										−0.07	0.19	
维稳任务清晰度×资源属性感知										0.02	0.18	
随机效应	方差成分		χ²检验	方差成分		χ²检验	方差成分		χ²检验	方差成分		χ²检验
第二层 τ_{00}	0.24		133.58***	0.28		183.20***	0.33		166.59***	0.33		171.52***
第二层 τ_{11}				0.09		58.28	0.09		58.28	0.13		57.08
第二层 τ_{12}				0.15		67.59	0.15		67.60	0.17		62.25
第一层 σ^2	0.67			0.49			0.49			0.48		
$R^2_{\text{level-1}}$				0.27								
$R^2_{\text{level-2}}$							−0.18			−0.44/−0.13		
$R^2_{\text{level-2}}$ 交互作用项												
离异数(−2LL)	596.02			568.31			590.65			601.95		

注：*** 表示 $P<0.01$，** 表示 $P<0.05$，* 表示 $P<0.1$。

表 6.25 展示了非领导干部组的 HLM 分析结果。完整模型显示,对于非领导干部来说,维稳时间约束与维稳任务清晰度对其社会稳定风险应对行为有显著的正向影响,可控性感知显著负向调节维稳时间约束对社会稳定风险应对行为意向的影响,并显著正向调节维稳任务清晰度对社会稳定风险应对行为意向的影响。与全样本的检验结果相比,制度因素对非领导干部风险应对行为意向的影响是一致的,但认知因素中只有可控性感知有影响。这显示出领导干部与非领导干部的差异。由于在全样本中,非领导干部所占的比例较小,而去除非领导干部样本后的模型估计结果又更为显著。因此,分样本检验说明,本研究的结论更适用于基层的领导干部。

6.6.4 对竞争性解释的检验

在第 3 章初步建构的理论框架中,笔者将问责激励强度作为影响基层干部社会稳定风险应对行为的制度要素之一。在第 4 章探索性案例研究中,通过对案例的深描发现,同体问责之下,"一票否决"的维稳问责压力在实际执行中被消解了,未能起到震慑效果,较高的问责激励强度未能促进基层干部采取积极的社会稳定风险应对行为。因此,在修正后的理论分析框架中,排除了问责激励强度对基层干部社会稳定风险应对行为的影响这一假设。但是,在此存在一个竞争性解释,是否由于客观的问责强度与主观问责感知之间存在差异,较低的问责感知才促使基层干部采取了消极的应对行为呢?为了检验这一竞争性解释,在问卷中设计了测量基层干部问责感知的题项,以便通过定量分析验证理论分析框架中对维稳问责这一制度要素的排除是否合理。如附录 C 调查问卷中的题项 4.9 所示,通过询问被调查者对于"如果出现不稳定事件,我会遭到上级的批评或处分"的同意程度来测量问责感知,打分结果为 1~5,1 表示很不同意,5 表示很同意。

为了检验问责感知对基层干部社会稳定风险应对行为是否存在影响,将问责感知引入原 HLM 的第二层模型,并引入问责感知与维稳时间约束的交互项,以及问责感知与维稳任务清晰度的交互项,进行 HLM 估计。表 6.26 展示了检验结果,引入问责感知这一变量后,"问责感知""维稳时间约束×问责感知""维稳任务清晰度×问责感知"的回归系数均不显著,说明问责感知对于基层干部的社会稳定风险应对行为不存在显著影响,因此可以排除这一竞争性解释。同时,引入问责感知后,HLM 完整模型的估计结果与原模型保持一致,证明了原模型的稳健性。值得注意的是,引入问责感知后,HLM 完整模型的离异数为 3184.54,较原模型的离异数 3175.76 有所增大,离异数增大表明模型的适配度有所降低。因此,原模型中不引入问责感知是合理的。

表 6.26 对问责感知的检验

固定效应	虚无模型		随机模型		截距模型		斜率模型	
	回归系数	标准误	回归系数	标准误	回归系数	标准误	回归系数	标准误
截距项 γ_{00}	2.90***	0.03	2.90***	0.03	2.90***	0.03	2.90***	0.03
level-1 预测因子								
维稳时间约束			0.47***	0.05	0.47***	0.05	0.47***	0.05
维稳任务清晰度			0.42***	0.05	0.42***	0.05	0.42***	0.05
level-2 预测因子								
未知感知					0.01	0.05	0.01	0.05
恐惧性感知					−0.08	0.05	−0.09*	0.05
可控性感知					0.05	0.05	0.04	0.05
效能属性感知					−0.07	0.05	−0.07	0.05
资源属性感知					−0.04	0.06	−0.03	0.06
问责感知					0.00	0.04	0.01	0.04
控制变量								
性别					−0.02	0.08	−0.02	0.08
年龄					0.01*	0.01	0.01*	0.01
受教育程度					0.14***	0.05	0.14***	0.05
维稳工作经验					0.07**	0.03	0.07**	0.03
跨层次交互作用								
维稳时间约束×未知感知							−0.03	0.07
维稳时间约束×恐惧感知							−0.22***	0.07
维稳时间约束×可控性感知							−0.14*	0.07
维稳时间约束×效能属性感知							−0.07	0.07

续表

固定效应	虚无模型			随机模型			截距模型			斜率模型		
	回归系数	标准误	χ^2检验	回归系数	标准误	χ^2检验	回归系数	标准误	χ^2检验	回归系数	标准误	χ^2检验
维稳时间约束×资源属性感知										0.20**	0.09	
维稳时间约束×同责感知										0.07	0.05	
维稳任务清晰度×未知感知										−0.08	0.07	
维稳任务清晰度×恐惧感知										0.06	0.06	
维稳任务清晰度×可控性感知										0.09	0.07	
维稳任务清晰度×效能属性感知										−0.19***	0.07	
维稳任务清晰度×资源属性感知										0.04	0.08	
维稳任务清晰度×同责感知										0.05	0.05	

随机效应	方差成分	χ^2检验		方差成分	χ^2检验		方差成分	χ^2检验		方差成分	χ^2检验	
第二层 τ_{00}	0.17	558.29***		0.22	736.81***		0.20	684.20***		0.21	691.90***	
第二层 τ_{11}				0.11	352.94**		0.12	354.05**		0.10	335.26**	
第二层 τ_{12}				0.07	330.12		0.08	331.16*		0.07	322.55	
第一层 σ^2	0.78			0.60			0.60			0.59		
$R^2_{\text{level-1}}$				0.23								
$R^2_{\text{level-2}}$							0.09					
$R^2_{\text{level-2}}$ 交互作用项										0.17/0.13		
离异数(−2LL)	3310.92			3148.69			3171.14			3184.54		

注：*** 、** 表示 $P<0.01$，** 表示 $P<0.05$，* 表示 $P<0.1$。

6.7 本章小结

本章对问卷调查获取的数据进行了分析。第一,对问卷进行了效度和信度的检验;第二,对数据进行了描述性统计分析,结果显示被调查者的特征符合本研究对研究对象特点的要求,因变量在自变量不同取值的组间具有显著差异;第三,方差分析发现,被调查者在不同的四个情境中行为意向存在差异性,多个变量在不同的交互组间也存在差异性;第四,检验个体感知因素对行为意向的影响发现,不考虑制度压力因素时,感知因素对行为意向的直接作用非常弱;第五,设定 HLM 对数据进行模型估计并进行稳健性检验,HLM 估计的结果验证了制度因素、感知因素以及二者交互作用对行为意向的影响;第六,通过 OLS 回归、其他自变量中心化方式检验、分样本检验、对竞争性假设的检验证实,HLM 估计的结果具有稳健性。

图 6.5 为定量分析结果的示意图。通过定量分析验证了,制度压力因素中维稳时间约束与维稳任务清晰度对基层干部的社会稳定风险应对行为具有显著正向影响,且这是基层干部行为的主导性因素,与案例研究的结论一致,假设 4、假设 5 得到了证实。

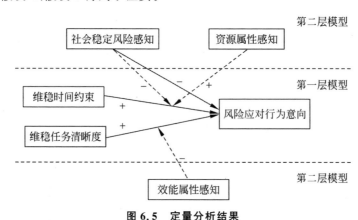

图 6.5 定量分析结果

注:"+"表示正向影响,"-"表示负向影响,实线表示直接影响,虚线表示调节作用。

感知因素中,社会稳定风险感知中的恐惧感知负向影响基层干部的社会稳定风险应对行为,并负向调节维稳时间约束与应对行为之间的关系,可控性感知负向调节维稳时间约束与应对行为之间的关系,而未知感知则对应对行为没有显著的影响,假设 1 与假设 6 得到了部分证实,也与案例研究的结论一致。假设 7 未通过检验,说明社会稳定风险感知主要对制度压力中的维稳时间约束起调节作用,对维稳任务清晰度的调节作用不显著,维稳时间压力之下高社会稳定风险感知造成的畏难心理会削弱维稳时间压力对应对行为的积极作用。

资源属性感知正向调节维稳时间约束与应对行为之间的关系,假设 8 得到了证实,假设 9 未得到证实,说明高资源属性感知主要增强的是基层干部行为对于制度压力因素中的维稳时间约束而非维稳任务清晰度的依赖性,进一步细化了案例研究的结论。假设 3 未得到证实,说明资源属性感知不直接对基层干部社会稳定风险应对行为产生影响,而是在制度压力因素框定下发挥调节作用,这也与在案例中的观察一致。

效能属性感知负向调节维稳任务清晰度与应对行为之间的关系,假设 11 得到了证实,假设 10 未得到证实,说明高效能属性感知主要削弱的是基层干部行为对于制度压力因素中的维稳任务清晰度而非维稳时间约束的依赖性,也进一步细化了案例研究的结论。假设 2 未得到证实,说明效能属性感知不直接对基层干部社会稳定风险应对行为产生影响,而是在制度压力因素框定下发挥调节作用,再次证实了制度压力因素的主导作用。

另外,控制变量维稳工作经验显著正向影响基层干部的社会稳定风险应对行为,假设 12 得到了证实。表 6.27 汇总了实证分析结果。

表 6.27 研究假设的实证分析结果汇总

	研 究 假 设	验 证 结 果
感知因素	假设 1:基层干部的社会稳定风险感知越高,其社会稳定风险应对行为越消极。	部分证实
	假设 2:基层干部的效能属性感知越高,其社会稳定风险应对行为越积极。	未证实
	假设 3:基层干部的资源属性感知越高,其社会稳定风险应对行为越消极。	未证实
制度压力	假设 4:维稳时间约束越大,基层干部的社会稳定风险应对行为越积极。	证实
	假设 5:维稳任务越清晰,基层干部的社会稳定风险应对行为越积极。	证实
调节效应	假设 6:基层干部的社会稳定风险感知越高,维稳时间约束对于基层干部社会稳定风险应对行为的正向影响越弱。	部分证实
	假设 7:基层干部的社会稳定风险感知越高,维稳任务清晰度对于基层干部社会稳定风险应对行为的正向影响越弱。	未证实

续表

研究假设		验证结果
调节效应	假设8：基层干部的资源属性感知越高，维稳时间约束对于基层干部社会稳定风险应对行为的正向影响越强。	证实
	假设9：基层干部的资源属性感知越高，维稳任务清晰度对于基层干部社会稳定风险应对行为的正向影响越强。	未证实
	假设10：基层干部的效能属性感知越高，维稳时间约束对于基层干部社会稳定风险应对行为的正向影响越弱。	未证实
	假设11：基层干部的效能属性感知越高，维稳任务清晰度对于基层干部社会稳定风险应对行为的正向影响越弱。	证实
控制变量	假设12：基层干部的维稳工作经验越丰富，其社会稳定风险应对行为越积极。	证实

总的来看，定量分析结果表明，基层干部的社会稳定风险应对行为主要是被制度压力因素——维稳时间约束与维稳任务清晰度所塑造的，个体感知因素是在制度压力因素的基本框架下对行为产生影响，与案例研究的结论基本一致。另外，通过对变量间关系的定量分析和研究，对于社会稳定风险感知、资源属性感知、效能属性感知发挥调节效应的具体路径进行了检验，其结果进一步细化了案例研究的初步发现。

第 7 章　结论与讨论

在前文文献综述、理论建构与实证研究的基础上,本章将对整体研究进行总结。第一,基于探索性案例研究与定量分析的实证结果,归纳和总结研究的主要结论;第二,基于主要的研究结论,对其中的几个关键问题进行延伸讨论;第三,对本研究的政策启示进行总结,提出相应的政策建议;第四,对本研究的贡献点、创新点以及局限性进行分析,对未来可能的研究方向进行展望。

7.1　主 要 结 论

基层干部在维护社会稳定的工作中采取的行为策略,不仅是在压力型维稳体制下的一种执行行为,也是对社会稳定风险的回应行为。本研究试图解释一个看似矛盾的现象:为什么在压力型维稳体制下,在社会稳定风险较高的领域,基层干部仍会采取消极应对策略?为此,首先对已有的研究进行了回顾,从认知视角和制度视角两方面梳理已有研究对基层干部社会稳定风险应对行为的解释,构建了初步的理论框架。其次,通过探索性案例研究,对"最相似案例"进行比较,并对个案进行追踪和深描,挖掘感知因素与制度因素在社会稳定风险情境下对基层干部行为的影响机制,修正并完善了基层干部社会稳定风险应对行为的认知—制度分析框架,提出研究假设。最后,基于理论分析框架进行问卷设计,对分析框架进行了定量分析验证。通过以上的研究,发现:

第一,从根本上来说,基层干部的社会稳定风险应对行为主要是被制度压力所塑造的。压力型维稳体制下,维稳时间约束和维稳任务清晰度是直接影响基层干部社会稳定风险应对行为的制度要素。探索性案例研究通过过程追踪以及与最大相似案例的比较发现,在高社会稳定风险的情境中,维稳时间约束越大,维稳任务越清晰,则基层干部的社会稳定风险应对行为越积极。当政策变动随意,维稳任务模糊时,由于委托代理关系中的信息不对称,作为代理方的基层干部对委托方不信任,导致基层干部采取拖延和推脱的策略,用文牍主义"做作业"的方式进行观望。当任务没有明确的时间要求时,基层干部的侥幸心理会得到加强,认为可以在观望中等待更明确的指示,甚至放任群体上访、越级上访等不稳定因素,希望借此给上级施加压力。而通过增强对上级的信任感、明确行动边界与减弱侥幸心理,维稳时间约束与维稳任务清晰度会显著正向影响基层干部的社会稳定风险应对行为。通过问卷调查及对数据的统计分析也验证了维稳时间约束和维稳任务清晰度对基层干部社会稳定风险应对行为意向的正向影响。

第二,对于基层干部而言,制度激励对其行为的影响并不显著。一方面,从正向激励来看,街道、乡镇层级普通干部的晋升意愿并不强,且现实中干部升迁的影响因素十分复杂,并不完全基于绩效表现,对于维护社会稳定这一领域而言,其政绩考核也没有明确的指标,因此,晋升激励并不是驱动基层干部采取积极的社会稳定风险应对行为的制度因素。另一方面,从负向的问责激励来看,"一票否决"的维稳问责在基层的实施是有弹性的,且由于同体问责下的责任有连带属性,上级通常不会对街道、乡镇的基层干部进行问责,因此"一票否决"的刚性维稳问责压力在实际执行中被消解了,并未对基层干部的社会稳定风险应对行为起到负向激励效果。

第三,在社会稳定风险情境下,基层干部的个体感知因素对社会稳定风险应对行为的直接影响微弱,而是在制度压力因素的基本框架下发挥调节作用。定量研究证实,社会稳定风险感知对基层干部行为的影响是通过两条路径实现的:第一条路径是,社会稳定风险感知中的恐惧感知在10%的显著性水平上对基层干部社会稳定风险应对行为意向具有负向影响;第二条路径是,社会稳定风险感知中的恐惧感知和可控性感知对于维稳时间约束和基层干部社会稳定风险应对行为意向之间的正向关系起到了干扰的作用。对于第一条路径,由于误差较大,所以影响微弱。对于第二条路径,当基层干部感知到社会不稳定因素可能造成的社会后果较为严重时,维稳时间约束对其风险应对行为的积极影响会被削弱:一方面,在对社会稳定风险的高感知之下,如果时间压力大,而干部不确定行动的合法性边界,会担心贸然行动引发更大的社会稳定风险,是"不敢为";另一方面,当基层干部对社会不稳定后果的感知高时,会认为这超出了基层所能解决问题的范畴,尤其是在短时间内没有能力解决,因而会选择消极的风险应对策略,是"不能为"。案例研究对这两方面的具体机制进行了具体的刻画。

第四,资源属性感知与效能属性感知对基层干部的社会稳定风险应对行为也不具有直接影响,而是调节制度因素与应对行为之间的关系,但二者的调节路径有所不同。资源属性感知对于维稳时间约束和基层干部社会稳定风险应对行为意向之间的正向关系起到了增强的作用。由案例分析可知,这种增强调节是通过随维稳任务发包的资源实现的。在较强的时间约束之下,启动自上而下的动员模式,此时基层干部感知到的资源需求大,但上级会协调配置资源来帮助基层达成任务目标,因此有利于弱化对基层的资源约束,从而使基层干部的社会稳定风险应对行为更加积极。高资源属性感知会增强基层干部行为对于维稳时间约束的依赖。这一点在案例中也有着详细的体现。而效能属性感知则对维稳任务清晰度与基层干部社会稳定风险应对行为意向之间的正向关系起到了干扰的作用。其中的原因是,效能属性感知较高的基层干部,其工作的内在驱动力较强,因此对于制度环境清晰度的依赖比较低,更能自主采取社会稳定风险应对行为。

第五,个体特征因素对基层干部社会稳定风险应对行为也具有显著的影响。维稳工作经验越丰富、受教育程度越高的基层干部,其采取积极的社会稳定风险应对行为的可能性也越大。案例研究也发现,经验丰富的基层干部,在面对高社会稳定风险的情境时更为成熟,有着更好的应对效果。这揭示了知识和经验对于基层干部行为的重要作用。

7.2 进一步的讨论

以上对研究的结论进行了回顾和总结。基于主要结论,本节将进行延伸讨论,回应在绪论中提出的问题。第一,对于发生概率大且影响大的"灰犀牛"式风险,为什么基层干部会作出消极应对呢?第二,与对公众的研究相比,对干部风险感知和应对行为的研究有什么不同的发现?

7.2.1 "灰犀牛"为什么被忽视

对于发生概率大且影响巨大的"灰犀牛"式风险,越是及早地进行积极应对,就越能避免损失,为什么在巨大的威胁面前,人们却常常有意地忽视、否认风险,采取得过且过、听之任之的态度?米歇尔·渥克(2017)在《灰犀牛:如何应对大概率危机》一书中讲述了这样一个例子:2007 年 8 月 1 日,美国明尼苏达州明尼阿波利斯 I-35W 密西西比河大桥坍塌,导致 13 人死亡、145 人受伤,这是美国自 1983 年以来发生的最严重的非不可抗力因素导致的基础设施崩塌事件。然而,在事故发生前,这座大桥蕴藏的风险早已被人所知。早在 1990 年,美国交通部就将该大桥评估为具有"结构性缺陷",需要进行定期的检查和修缮工作;2001年,明尼苏达大学的报告指出该桥纵梁已经扭曲变形,在车流量庞大时有坍塌风险;2006年,检验员发现了大桥的裂缝和老化迹象,对于每天使用各种交通工具从桥上经过的14万人次来说,坍塌的灾难随时都可能发生。但是,在事故发生前,I-35W 密西西比河大桥的更新改造计划竟然被排到了2020年之后。米歇尔·渥克由此发问,有权力和能力改变结局的人,为什么在已经认识到存在的问题时仍然选择不作为呢?

一座旧桥的坍塌,恰如对各种类型的潜在风险被长期忽视以至于最终爆发为危机事件的隐喻。而在社会治理领域,"灰犀牛"远远比一座旧桥复杂。转型期的中国,不同个体在改革发展中的利益得失不同,导致阶层差异、利益差异和观念差异不断凸显,对社会稳定构成严重威胁。社会稳定风险的复杂性和不确定性,给政府带来巨大的挑战,如何及时、有效、平稳地应对风险,关系到政治稳定和经济发展的大局(曹峰等,2014;薛澜、钟开斌,2005)。维稳工作是重要的政治责任。而作为维稳工作的责任人,基层干部直接连接着广大社会公众,其对于社会稳定风险的感知和应对,直接关系着社会风险治理的效果。那么,从基层干部的角度来说,社会治理领域中的"灰犀牛"现象是如何产生的呢?为什么基层干部在应对高社会稳定风险因素时会拖延观望?本研究的结论在一定程度上揭示了基层干部对于"灰犀牛"式社会稳定风险采取消极应对行为的原因。

第一,对于处于压力型维稳体制最末端的基层干部而言,维稳任务对其行为具有最直接的影响。维稳时间约束越小,维稳任务越模糊,其社会稳定风险应对行为就越偏向于消极。一方面,时间因素在个体的风险感知与应对行为中非常关键。米歇尔·渥克(2017)认为,有时候人们之所以会一拖再拖,不立即采取行动,是因为认为自己还有足够多的时间来摆脱困境,这个过程就如同温水煮青蛙一般。另外,对于"灰犀牛"性质的风险,它的攻击时间具有很大的不确定性,如果过早对潜在威胁作出回应和防范,常常需要付出很大的代价,进行预防和准备工作的难度很大。基层干部在社会稳定风险情境中的行为,也印证了时间约束的重要性。在缺乏明确时间约束的时候,基层干部往往会具有侥幸心理,认为还存在继续拖延观望的余地,且如果贸然采取行动往往成本过高,往往会导致社会稳定风险中"灰犀牛"的产生,而在压力型维稳体制下,维稳任务常常具有时间约束,这样,就在很大程度上消除了基层干部拖延观望的侥幸心理,促使其立即采取行动。另一方面,维稳任务越模糊,基层干部的社会稳定风险应对行为也越消极。在压力型维稳体制之下,基层干部面临诸多量化分解的任务指标,而基层的权限和资源非常有限,因此会倾向于优先完成有明确任务指标约束的工作,如果维稳任务不够清晰,没有明确的指令,则会加剧基层与上级之间的信息不对称,导致基层干部倾向于采取消极的拖延观望应对行为,而非立即采取积极行动。以上两个方面说明,处于执行链条末端的基层干部的行动对其所处的压力型制度环境有很强的依赖,自主性不够强,需要制度压力对其行为进行驱动。

第二,对基层干部的激励失灵,导致"灰犀牛"的出现。米歇尔·渥克(2017)反思道,也许是体制纵容了人们的不作为态度,并将其当作一种正常现象来认可和接受,而不良的奖惩机制甚至可能会助推组织内部推卸责任的行为。基层干部面对社会稳定风险的消极行为,属于干部不作为。人民论坛问卷调查中心的一项调查显示,七成以上的被调查者认为"为官不为"的现象更多地发生在县级、乡镇级基层干部身上(王卓怡等,2015)。那么,为什么制度激励对基层干部常常失效呢?本研究发现,对于街道、乡镇的基层干部这一特定群体,一方面,正向激励机制对他们的作用微乎其微。街道、乡镇一级的基层干部晋升意愿不强,现实政治生态中的晋升也没有明确的考核标准,甚至一些干部由于年龄限制自知升迁无望,不思进取(金太军、张健荣,2016)。而物质激励也不充分,基层干部的工资待遇水平与其工作强度以及社会经济发展不相匹配,也在一定程度上消解了基层干部积极作为的动力。另一方面,负向的问责激励在维稳领域并没有发挥出应有的威慑作用。"一票否决"的维稳问责压力在实践中,对于干部的维稳问责是不到位的,缺乏多方位、多层次的问责制度建设。在纵向的同体问责中,上级对下级通常会采取一定的默许态度,只要没有出现大的社会不稳定事件,不会予以问责,而一旦出现极端事件,又会直接"一票否决",这显示出刚性的维稳问责制度在实施中缺乏可操作性,对于干部的不作为缺乏追责和激励。这样,正向激励与负向问责的失灵,使得基层干部在对社会稳定风险进行评估时缺乏积极担当作为的驱动力,"不愿为",从而放任社会稳定领域"灰犀牛"的出现。

第三,在压力型维稳体制之下,高社会稳定风险感知反而会导向消极的社会稳定风险应对行为。前文中提到过,关于个体风险感知和应对行为之间关系的研究,并未达成一致的结论,根据不同风险情境的特征,二者关系有所不同。而本研究的结论证实了,在社会稳定风险情境中,高社会稳定风险感知并不能促使基层干部采取积极的应对行为,反而会对应对行为有消极影响,而这种消极影响主要是在制度环境的框架下,通过负向调节维稳时间约束和社会稳定风险应对之间的关系实现的。这显示了基层干部个体认知心理因素对其行为的作用机制。米歇尔·渥克(2017)在《灰犀牛:如何应对大概率危机》中认为,个体的认知偏差是面对"灰犀牛"式风险时不作为的重要根源。对此,她认为可以从个体的非理性化动机和偏见来解释,认为个体对风险的错误认知容易导致短视,即只注重短期的利益,忽视中长期的战略,从而导致得过且过、拒绝行动。本研究发现,对基层干部来说,认知因素导致的行为偏差主要是在制度框架下发挥作用。在风险情境中,基层干部常常需要在有限的时间约束下作出关键性的决策和应对措施(薛澜等,2003),此时,如果基层干部感知到的社会稳定风险过高,就会高估行动的代价,不愿意承担风险,不敢贸然行动,试图"明哲保身",从而瞻前顾后,"不敢为"。当基层干部高估社会稳定风险时,会倾向于认为短时间内解决问题超出了自身的能力范畴,选择通过不断向上级汇报的方式观望等待。

以上分析说明,在本研究的社会稳定风险情境下,"灰犀牛"式风险产生的原因主要包括对压力型维稳体制的依赖、维稳激励和问责的失灵,以及基层干部对社会稳定风险的认知偏差等。这从制度因素和认知因素两个方面,以及二者的交互关系层面,对基层干部面对社会稳定风险时的不作为作出了解释,回应了在绪论中提出的现实困惑,即,为什么在高社会稳定风险情境下,在刚性的压力型维稳体制下,基层干部面对社会稳定风险仍然采取消极应对策略的问题。

7.2.2 基层干部与公众在风险感知及应对行为上的差异

本研究将风险感知研究的对象从普通公众扩展到基层干部,那么,基层干部与公众的风险感知与应对行为有何不同?根据前文对个体风险感知与应对行为相关文献的梳理可知,保护动机理论、防护行为决策模型等风险研究的理论模型描述和刻画了公众由认知感受到行为意向的心理活动过程。这些研究的一个潜在共识是,公众对自然灾害风险的感知以及对采取应对行为的收益和成本的感知直接决定了他们如何采取应对行为,即,个体风险应对行为是由其认知和态度等内在心理因素直接决定的。根据这些研究,公众的风险感知与其应对行为的关系如下:首先,个体的风险感知能够显著影响公众面对风险时的应对行为意向,但是影响的方向根据具体的风险特征而定,在很多实证研究中,感知到较高风险的公众,其采取应对措施的意向也越积极(Wachinger et al.,2013;Siegrist & Gutscher,2006);其次,

第7章 结论与讨论

个体对于采取应对行为的收益和成本的感知也直接影响公众采取风险应对行为的意向,大部分实证研究认为,效能属性感知越高的公众,其采取风险应对行为越积极,而资源属性感知越高的公众,其采取风险应对行为越消极。

相较于公众,干部的风险感知和应对行为之间的关系有什么不同呢? 本研究发现的结论是,与普通公众不同的是,基层干部的风险感知以及资源属性感知、效能属性感知并不直接对其应对行为产生影响,而是在制度的基本框定下发挥调节作用。与普通公众相比,基层干部的行为在更大程度上是被制度环境所塑造的,且这种塑造是 Douglas(1986)所述的"强意义",即制度在最大程度上影响了个人在组织中的行为,人是制度的载体,主观能动性极小。这种区别揭示出基层干部与普通公众角色的不同。首先,普通公众面对风险时采取的行为是为减轻对自我的伤害而采取的自我保护行为,而基层干部面对社会稳定风险时采取的行为是维护公共秩序的利他行为,也是一种在制度体系下履行职责的行为,这从根本上决定了基层干部与普通公众在决定是否采取应对行为、如何采取应对行为时,考虑问题的出发点不同。其次,基层干部在制度体系中也处在特殊的位置,具有特殊的角色。在行政体系中,街道、乡镇一级的基层干部是行政体系的最末梢,在压力型维稳体制中处于承接上级发包的任务的最底层。相对于更高层级的干部,基层干部受到的来自制度体系与上级部门的约束更大,其行为的自主权更小。这样,基层干部的社会稳定风险应对行为受制度的框定效应就更加显著,而个体化的认知因素对行为的直接影响相较于普通公众就不够明显。

另外,本研究还发现,风险感知因素对制度因素与基层干部应对行为之间关系的调节方向,与认知因素对公众行为的作用方向是相反的。大部分对公众风险感知和应对行为的实证研究表明,公众的效能属性感知能够正向影响其风险应对行为,而对于基层干部的研究却发现,基层干部的效能属性感知对维稳任务清晰度和社会稳定风险应对行为之间的关系有负向调节作用,说明此时效能属性感知削减了制度因素对行为的影响。大部分对公众风险感知和应对行为的实证研究表明,公众的资源属性感知能够负向影响其风险应对行为,而对于基层干部的研究发现,基层干部的资源属性感知对维稳时间约束和社会稳定风险应对行为之间的关系有正向调节作用,说明此时资源属性感知增强了制度因素对行为的影响。对比之下可以发现,对于基层干部的社会稳定风险应对行为来说,认知因素不直接影响风险应对行为,而是通过对制度因素的增强或干扰来产生作用。相较于公众的认知因素对其风险应对行为的影响方向,在制度因素的框定下,基层干部的个体认知因素发挥作用的方向发生了扭曲。这也再次说明制度因素对基层干部行为的强大框定作用,并揭示出基层干部行为影响因素的复杂性。

7.3 政策启示

围绕基层干部社会稳定风险应对行为的影响因素,笔者得出了以上研究结论。事实上,对于干部行为的研究,不仅具有理论意义,也具有很强的政策意义。在我国历史上,如何整顿吏治是每一代中央政府需要花费大量精力去考虑的问题。今天,研究如何"治官"也是公共管理学科最重要议题和使命之一。在现代风险社会中,作为风险管理者的政府官员如何更好地处理和应对风险,是关系国家安全与发展的重要问题。而如何建设一支风清气正、担当作为的干部队伍,亦是国家治理体系与治理能力现代化进程中的重要考验。因此,基于研究的结论,提出以下政策建议。

第一,为基层"减负"要先从完善政策的上层设计和规划开始,解决基层干部"不敢为"的问题。长久以来,基层处于执行链条的最末端,承受的工作任务最为繁重,可以说是"上面千条线,下面一根针"。基层干部疲于应对,也滋生了形式主义的痼疾。因此,中央将 2019 年定为"基层减负年",旨在完善基层减负长效机制,解决形式主义突出的问题。本研究发现,如果在政策制定和规划设计的层面上模糊不清,"来回拉抽屉",随意变动政策,会给基层的执行带来了最大的困难和障碍。因此,要给基层减负,首先要减少基层与上级之间的信息不对称和政策的不确定性,在政策设计和方案规划阶段做好统筹部署,让政策更有确定性和可操作性,符合基层的实际,使基层干部工作有据可依,更加勇于去担当作为。

第二,向基层合理赋权,解决基层干部"不能为"的问题。街道、乡镇一级基层政府有限的权力和资源,与不断增加的属地责任之间的不平衡,是制约基层政府治理效能的关键所在。近年来,一些职能部门借由属地管理的名义,将相关职能职责和工作任务转嫁给乡镇、街道的现象越来越突出。诚然,从政策落地的角度来说,由属地政府承担相关责任是一种工作需要,但是如果不赋予相应的资源,基层政府权责不对等的问题就难以解决。因此,应当探索向基层合理赋权,使基层干部更有能力去担当作为。在这方面,北京市自 2018 年以来大力推行的"街乡吹哨、部门报到"工作机制,就是一种很好的尝试。该机制的实质是推动治理重心向基层下移,增强街道、乡镇调配资源的能力,协调各职能部门配合基层工作。

第三,完善问责激励机制,解决基层干部"不愿为"的问题。本研究发现,对于基层干部这一特定群体来说,激励机制的失灵问题尤其突出。如何对基层干部进行更精准、有效的激励,是激发基层活力的关键。从正向激励的层面来说,一方面,要合理地提升基层一线干部的福利待遇,对于任务重、工作量大的地区,要予以适当补贴,另一方面,在基层干部的晋升上,要加强对绩效考核结果的运用,对于敢于担当作为的干部予以鼓励和任用。从负向问责的层面来说,要逐步改进刚性的维稳问责制度,形成多层次、全方面的问责体系,弥补对于不作为、懒政怠政的问责空白。

第四,从认知干预的角度,对基层干部进行引导和干预,改善其社会稳定风险应对行为。一方面,可以通过加强教育和培训,引导干部形成正确的社会稳定风险观,使其了解社会风险的发生机制和演化规律,掌握防范化解社会稳定风险的方式方法,克服畏难、恐惧、侥幸等认知偏见。另一方面,可以通过多样化的思想教育,培育基层干部的自我效能感,增强其为人民服务的价值感和获得感,减弱其对于制度因素的依赖,增强其工作的自主性和能动性。

第五,完善社会稳定风险评估制度,将事后应对变为事前预防。传统的压力型维稳体制重事后处理,轻源头预防,处理的效果高度依赖干部的应对表现。而现代风险社会具有高度复杂性和不确定性,不能仅仅依赖官员个体,更要建立健全一套风险治理的机制。自2012年以来,社会稳定风险评估制度已在全国范围内普遍建立,并被纳入决策程序。该制度明确地将维稳的关口前移,要求在决策前对社会稳定风险采取调查和防范行为,试图实现风险的源头治理,通过社会治理模式和制度安排的创新来摆脱维稳困境。但是,目前社会稳定风险评估制度评而不用、象征性执行的困境普遍存在,下一步应探索如何健全和落实社会稳定风险评估制度的问题,使社会稳定风险评估的结果真正落地,起到完善风险治理体系的作用。

7.4 研究贡献与不足

本研究基于认知视角和制度视角的相关研究,通过探索性案例研究构建了基层干部社会稳定风险应对行为的制度—认知分析框架,并进行了情景化的问卷设计,通过定量数据分析检验了分析框架。研究过程和研究发现具有理论和实践意义上的创新和贡献,但囿于研究的局限性,也存在种种不足,以及进一步研究的空间。

从研究的创新性来看,具有以下五个方面的贡献。

第一,从微观视角对政府官员行为的研究进行了有益的补充。已有研究对于政府行为的研究侧重宏观的机制研究和经验观察,将有血有肉的官员个体抽象化为理性行动人,忽视了对官员个体行为差异性的考察。本研究从微观的个体认知心理进路出发,研究风险感知对基层干部行为的影响,将个体的非理性和差异性特征纳入分析,并结合对具体行为情境以及制度背景的考量,将认知视角与制度视角综合起来,基于基层干部面临的社会稳定风险情境与探索性案例研究构建了整合性的分析框架,并得到了实证检验。这一整合性的理论分析框架既尝试打开基层干部具有个体差异性认知过程的"黑箱",也旨在打开制度与组织运作过程的"黑箱",并发现了感知因素与制度因素在影响基层干部社会稳定风险应对行为时的交互性。这在一定程度上弥合了目前各个学科对于政府官员行为不同视角和进路的研究各自割裂的现状,并在社会安全领域揭示了"灰犀牛"式风险被消极应对的认知与制度根源。

第二,进一步细化了对于压力型维稳体制的研究,阐释了压力型维稳体制对于基层干部行为的具体影响机制。既有的压力型体制研究为进一步探讨我国政府行为积累了大量生动而丰富的经验观察素材,但大多停留在对于现象的描述上,存在理论上的贫困。本研究基于基层干部面对的具体社会稳定风险情境,检验了对其社会稳定风险应对行为具有关键影响的压力型体制的制度要素,将压力型维稳体制的要素细化为维稳时间约束、维稳任务清晰度和维稳问责强度,通过案例研究和定量研究揭示了压力型维稳体制对于干部行为的具体影响机制。此外,传统制度视角下对政府行为的研究大多着眼于作为整体的地方政府,抑或是作为地方政府主要负责人的主要行政长官,对大量基层普通干部的行为逻辑缺乏具有针对性的解释。本研究对街道、乡镇基层干部这一特定群体的研究,弥补了以往研究的不足。

第三,对于基层干部风险应对行为的研究,扩展了风险感知与应对行为理论模型的研究对象和研究领域。长期以来,囿于数据可得性等因素,风险研究对于个体感知和行为的探讨集中于普通公众,且风险情境多为自然灾害风险,由此得出的个体风险感知和应对行为的结论是否具有外部效度,一直存在疑问。本研究将风险研究的研究对象扩展为处于制度约束下的基层干部,将风险领域由自然灾害风险扩展到更具复杂性和不确定性的社会风险领域,在制度框架下检验了风险感知因素对于基层干部风险应对行为的影响机制，与对公众的研究结论进行了区分。

第四，在研究方法方面，采用混合式的研究设计，在追求内部效度的基础上最大程度上保证了研究的外部效度。目前，制度视角对于政府行为的研究多停留在经验观察和现象描述上，缺乏定量的实证检验，难以形成因果推论。而认知视角的研究多采用心理学的试验方法，招募的被试通常是大学生，而不是真实情境中的行动者，因而也缺乏外部效度。在案例研究对过程和机制探讨的基础上，笔者对真实情境中的基层一线维稳干部进行了问卷调查，所得的数据和结论更具有外部效度。

第五，在实践意义上，针对基层干部的研究对于完善风险治理体系以及改善"为官不为"的现象具有重要的政策启示意义。一方面，通过揭示基层干部社会稳定风险应对的影响因素和影响机制，为维稳制度的落实和改进提供了有针对性的政策建议，有利于改善象征性执行的痼疾，更好地防范和化解"灰犀牛"式社会风险。另一方面，基层干部对于社会稳定风险的不作为也是"为官不为"现象的一种表现，本研究的结论有助于思考如何从制度上激发基层干部主动担当作为的能动性，提高基层治理效能。

当然，由于研究者自身能力、研究工具的限制，以及现有研究基础的缺乏等局限性，本研究也有待在未来进一步探索和改进。

第一，由于现有认知视角与制度视角理论间的鸿沟，本研究构建整合性理论分析框架的工作只是探索性的尝试。由于以往研究政府官员行为的理论相互间存在裂隙，呈现割裂的状况，无法对本研究所提出的社会稳定风险领域这一具体的干部行为情境作出充分的解释，因此笔者的理论分析框架在基于文献的基础上，也依赖探索性的案例研究。虽然在这一过程中，笔者尽最大努力收集了资料，但基于少量个案的有限的田野调查对于因果机制的追踪还有待更加深入和细化，以完善理论分析框架。

第二，本研究基于社会稳定风险情境这一特定风险类型，且探索性案例研究和问卷调查都是基于E市"城市综合治理"专项行动，由于研究的情境性以及样本的有限性，研究的外部效度可能依然是有限的。但同时，这也是风险研究的特点之一，即根据具体风险特征的不同，研究框架和关键变量有很大的差异性。因此，本研究提供了一个基层干部在社会稳定风险情境下应对行为的解释框架，未来可以进一步探索该框架在其他风险情境中的适用性。

参 考 文 献

Ajzen I, 1991. The theory of planned behavior, organizational behavior and human decision processes[J]. Journal of Leisure Research, 50(2): 176-211.

Ajzen I, Fishbein M, 1977. Attitude-behavior relations: A theoretical analysis and review of empirical research[J]. Psychological Bulletin, 84(5): 888-918.

Anderson A A, Brossard D, Scheufele D A, et al., 2014. The "nasty effect": online incivility and risk perceptions of emerging technologies[J]. Journal of Computer-Mediated Communication, 19(3): 373-387.

Anderson D M, Stritch J M, 2015. Goal clarity, task significance, and performance: Evidence from a laboratory experiment[J]. Journal of Public Administration Research and Theory, (8): 1-24.

Aucoin P, 1998. Auditing for accountability: The role of the auditor general[J]. Institute on Governance, (1): 13-29.

Bandura A, 1997. The anatomy of stages of change[J]. American Journal of Health Promotion, 12(1): 8-10.

Battaglio R P, Belardinelli P, Bellé N, et al., 2019. Behavioral public administration ad fontes: A synthesis of research on bounded rationality, cognitive biases, and nudging in public organizations[J]. Public Administration Review, 79(3): 304-320.

Becker M H, 1974. The health belief model and personal health behavior[J]. Health Education Monographs, 2(4): 287-312.

Becker M H, Maiman L A, Kirscht J P, et al., 1977. The health belief model and prediction of dietary compliance: A field experiment[J]. Journal of Health & Social Behavior, 18(4): 348-366.

Bellé N, 2014. Leading to make a difference: A field experiment on the performance effects of transformational leadership, perceived social impact, and public service motivation[J]. Journal of Public Administration Research and Theory, 24(1): 109-136.

Bellé N, 2015. Performance-related pay and the crowding out of motivation in the public sector: A randomized field experiment[J]. Public Administration Review, 75(2): 230-241.

Bellé N, Cantarelli P, 2015. Monetary incentives, motivation, and job effort in the public sector: An experimental study with Italian government executives[J]. Review of

Public Personnel Administration,35(2):99-123.
Bewley T F,1981. A critique of Tiebout's theory of local public expenditures[J]. Econometrica,49(3):713-740.
Bhanot S P, Linos E,2020. Behavioral public administration: Past, present, and future [J]. Public Administration Review,(1):168-171.
Blanchard O, Shleifer A,2000. Federalism with and without political centralization: China versus Russia[J]. Imf Staff Papers,48(1):171-179.
Bovens M,2007. Analysing and assessing accountability: A conceptual framework[J]. European Law Journal,13(4):447-468.
Brady H,Collier D,2004. Rethinking social inquiry: Diverse tools,shared standards[M]. Washington D. C. : Rowman and Littlefield.
Burton I,Kates R W,White G F,1993. The environment as hazard,Second Edition[M]. New York: Guildford Press.
Cai H, Treisman D, 2005. Does competition for capital discipline governments? Decentralization, globalization, and public policy[J]. American Economic Review, 95(3):817-830.
Cao Y, Qian Y, Weingast B R,1999. From federalism,Chinese Style to privatization, Chinese Style[J]. Economics of Transition,7(1):103-131.
Collier D,2011. Understanding process tracing[J]. Political Science and Politics,44(4): 823-830.
Douglas M,1986. How institutions think[M]. Syracuse: Syracuse University Press.
Enders C K, Tofighi D,2007. Centering predictor variables in cross-sectional multilevel models: A new look at an old issue[J]. Psychological Methods,12(2):121-138.
Favero N,Bullock J B,2015. How (not) to solve the problem: An evaluation of scholarly responses to common source bias[J]. Journal of Public Administration Research and Theory,(1):285-308.
Fishbein M,1975. Attitude,attitude change and behavior[J]. Attitude Research Bridges the Atlantic,(1):99-112.
Floyd D L, Prentice-Dunn S, Rogers R W, 2000. A meta-analysis of research on protection motivation theory[J]. Journal of Applied Social Psychology, 30 (2): 407-429.
Gardner G T,Gould L C,1989. Public perceptions of the risks and benefits of technology [J]. Risk Analysis,9(2):225-242.
Hall T E, Slothower M, 2009. Cognitive factors affecting homeowners' reactions to defensible space in the Oregon coast range[J]. Society & Natural Resources,22(2): 95-110.
Haynes K, Barclay J, Pidgeon N, 2008. The issue of trust and its influence on risk communication during a volcanic crisis [J]. Bulletin of Volcanology, 70 (5):

605-621.

Hood C, 2002. The risk game and the blame game[J]. Government and Opposition, 37(1): 15-37.

Hood C, 2007. What happens when transparency meets blame-avoidance? [J]. Public Management Review, 9(2): 191-210.

Houston D J, 2000. Public service motivation: A multivariate test[J]. Journal of Public Administration Research and Theory, 10(4): 713-727.

Hu Q, Schaufeli W B, Taris T W, 2016. Extending the job demands-resources model with guanxi exchange[J]. Journal of Managerial Psychology, 31(1): 127-140.

Hung H, Shaw R. Kobayashi M, 2007. Flood risk management for the rua of hanoi: Importance of community perception of catastrophic flood risk in disaster risk planning[J]. Disaster Prevention & Management, 16(2): 245-258.

Johnson B B, 2005. Testing and expanding a model of cognitive processing of risk information[J]. Risk analysis, 25(3): 631-650.

Karanci A N, Aksit B, Dirik G, 2005. Impact of a community disaster awareness training program in turkey: Does it influence hazard-related cognitions and preparedness behaviors[J]. Social Behavior & Personality: An International Journal, 33(3): 243-258.

Kim S, Vandenabeele W, 2010. A strategy for building public service motivation research internationally[J]. Public Administration Review, 70(5): 701-709.

Kreft I G G, De Leeuw J, Aiken L S, 1995. The effect of different forms of centering in hierarchical linear models[J]. Multivariate Behavioral Research, 30(1): 1-21.

Lai C L, Tao J, 2003. Perception of environmental hazards in Hong Kong Chinese[J]. Risk Analysis, 23(4): 669-684.

Lemyre L, Lee J E C, Mercier P, et al. , 2006. The structure of Canadians' health risk perceptions: Environmental, therapeutic and social health risks[J]. Health Risk & Society, 8(2): 185-195.

Lerner J S, Gonzalez R M, Small D A, et al. , 2003. Effects of fear and anger on perceived risks of terrorism: A national field experiment[J]. Psychological Science, 14(2): 144-150.

Li H, Zhou L A, 2005. Political turnover and economic performance: The incentive role of personnel control in China [J]. Journal of Public Economics, 89(9-10): 1743-1762.

Li J, Gao L. Wang S, et al. , 2018. An empirical study of the Volkswagen recall crisis in China: Customer's risk perceptions and behavior responses based on an information flow[J]. Human and Ecological Risk Assessment: An International Journal: 1-20.

Lijphart A, 1975. The comparative-cases strategy in comparative research [J]. Comparative political studies, 8(2): 158-177.

Lin J Y,Liu Z,2000. Fiscal decentralization and economic growth in China[J]. Economic Development and Cultural Change,49(1): 1-21.

Lindell M K,Perry R W,1992. Behavioral foundations of community emergency planning [J]. Hemisphere Publishing Corp,(1): 53-78.

Lindell M K,Perry R W,2000. Household adjustment to earthquake hazard: a review of research[J]. Environment & Behavior,32(4): 461-501.

Lindell M K, Perry R W, 2004. Communicating environmental risk in multiethnic communities thousand[M]. London: Sage Publications.

Lindell M K, Perry R W, 2012. The protective action decision model: Theoretical modifications and additional evidence[J]. Risk Analysis,32(4): 616-632.

Lindell M K, Whitney D J, 2000. Correlates of household seismic hazard adjustment adoption[J]. Risk Analysis,20(1): 13-26.

Lindell M K,Prater C S,2002. Risk area residents' perceptions and adoption of seismic hazard adjustments[J]. Journal of Applied Social Psychology,32(11): 2377-2392.

Lindell M K,Arlikatti S,Prater C S,2009. Why people do what they do to protect against earthquake risk: perceptions of hazard adjustment attributes[J]. Risk Analysis, 29(8): 1072-1088.

Lipsky M,2010. Street-level bureaucrats: dilemmas of the individual in public services [M]. New York: Russell Sage Foundation.

Lu S, Wei J, 2018. Public's perceived overcrowding risk and their adoption of precautionary actions: A study of holiday travel in china[J]. Journal of Risk Research,(4): 1-21.

Matland R E,1995. Synthesizing the implementation literature: The ambiguity-conflict model of policy implementation[J]. Journal of Public Administration Research & Theory,5(2): 145-174.

Mcdermott R, 2002. Experimental methods in political science[J]. Annual Review of Political Science,5(5): 31-61.

Mei C, Wang X, 2017. Political incentives and local policy innovations in China[J]. Journal of Chinese political science,22(4): 519-547.

Mertha A C,2005. China's "soft" centralization: Shifting Tiao/Kuai authority relations [J]. The China Quarterly (184): 791-810.

Meyers M K, Nielsen V L, 2012. Street-level bureaucrats and the implementation of public policy[M]// Peters B G, Pieere J, eds. The Sage Handbook of Public Administration. Lodon: Sage.

Montinola G,Qian Y Y,Weingast B R,1995. Federalism,Chinese style: The political basis for economic success in China[J]. World Politics,48(1): 50-81.

Naff K C,Crum J,1999. Working for America: Does public service motivation make a difference?[J]. Review of Public Personnel Administration,19(4): 5-16.

Nunnally J C, 1978. Psychometric theory[J]. American Educational Research Journal, 5(3): 83.

Oi J C, 1992. Fiscal reform and the economic foundations of local state corporatism in China[J]. World Politics, 45(1): 99-126.

Oi J C, 1995. The role of the local state in China's transitional economy[J]. China Quarterly, 144(144): 1132-1149.

Oi J C, 1999. Two decades of rural reform in China: An overview and assessment[J]. China Quarterly, 159(159): 616-628.

Opper S, Brehm S, 2007. Networks versus performance: Political leadership promotion in China[J]. Department of Economics, Lund University.

O'Brien K J, Li L, 1999. Campaign nostalgia in the Chinese countryside[J]. Asian Survey, 39(3): 375-393.

Payne J W, Johnson E J, Bettman J R, 1993. The adaptive decision maker[J]. Journal of the Operational Research Society, 105(428): 850-850.

Perry J L, Recascino L W, 1990. The motivational bases of public service[J]. Public Administration Review, 50(3): 367-373.

Pidgeon N, 1998. Risk assessment, risk values and the social science programme: Why we do need risk perception research[J]. Reliability Engineering & System Safety, 59(1): 5-15.

Price, LaFiandra, 2017. The perception of team engagement reduces stress induced situation awareness overconfidence and risk taking[J]. Cognitive Systems Research, (46): 52-60.

Qian Y, Weingast B R, 1997. Federalism as a commitment to perserving market incentives[J]. Journal of Economic Perspectives, 11(4): 83-92.

Qian Y, Roland G, 1998. Federalism and the soft budget constraint[J]. American Economic Review, 88(5): 1143-1162.

Rainey H G, Bozeman B, 2000. Comparing public and private organizations: Empirical research and the power of the a priori[J]. Journal of Public Administration Research and Theory, (2): 447-470.

Rainey H G, Steinbauer P, 1999. Galloping elephants: Developing elements of a theory of effective government organizations[J]. Journal of Public Administration Research and Theory, 9(1): 1-32.

Rainey H G, 1982. Reward preferences among public and private managers: In search of the service ethic[J]. American Review of Public Administration, 16(4): 288-302.

Reynaud A, Aubert C, Nguyen M H, 2013. Living with floods: protective behaviours and risk perception of Vietnamese households[J]. Geneva Papers on Risk & Insurance Issues & Practice, 38(3): 547-579.

Robson W A, Merton R K, Gray A P, et al., 1952. Reader in bureaucracy[J]. British Journal of Sociology, 3(3): 274.

Rogers R W, 1975. A protection motivation theory of fear appeals and attitude change [J]. Journal of Psychology, 91(1): 93.

Rosenthal U, Pijnenburg B, 1991. Crisis management and decision making: Simulation oriented scenarios[M]. [S. l.]: Springer Netherlands.

Royer S, Simons R H, Waldersee R W, 2003. Perceived reputation and alliance building in the public and private sectors[J]. International Public Management Journal, 6(2): 199-218.

Ruin I, Gaillard J C, Lutoff C, 2007. How to get there? Assessing motorists' flash flood risk perception on daily itineraries [J]. Global Environmental Change Part B Environmental Hazards, 7(3): 235-244.

Saich T, 2002. The blind man and the elephant: Analyzing the local state in China// Tomba L, ed. On the roots of growth and crisis: Capitalism, state and society in east Asia[J]. Annale Feltrinelli, (XXXVI): 92-96.

Siegrist M, Gutscher H, 2006. Flooding risks: a comparison of lay people's perceptions and expert's assessments in Switzerland[J]. Risk Analysis, 26(4): 971-979.

Simon H A, 1947. Administrative behavior: A study of decision-making processes in administrative organization[M]. London: Macmilla.

Skinner C S, Tiro J, Champion V L, 2008. The health belief model[J]. Health Education Quarterly, 11(1): 1-47.

Shih V, Adolph C, Liu M, 2012. Getting ahead in the communist party: Explaining the advancement of central committee members in China[J]. American Political Science Review, 106(1): 166-187.

Slovic P, 1987. Perception of risk[J]. Science, 236(4799): 280-285.

Stern E K, 1999. Crisis decision-making: A cognitive-institutional approach [M]. Stockholm: Department of Political Science, Stockholm University: 38-39.

Sun Y, 2009. Local people's congresses in China: Development and transition[J]. Journal of East Asian Studies (9): 1247-1248.

Taylor I, 1999. Problem representation in foreign policy decision making [J]. Commonwealth & Comparative Politics, 37(2): 142-143.

Terpstra T, 2011. Emotions, trust, and perceived risk: Affective and cognitive routes to flood preparedness behavior[J]. Risk Analysis, 31(10): 1658-1675.

Trumbore P F, Boyer M A, 2000. International crisis decision-making as a two-level Process[J]. Journal of Peace Research, 37(6): 679-697.

Wachinger G, Renn O, Begg C, et al. , 2013. The risk perception paradox-implications for governance and communication of natural hazards [J]. Risk Analysis, 33 (6): 1049-1065.

Wagner R K, 1987. Tacit knowledge in everyday intelligent behavior[J]. Journal of Personality and Social Psychology, 52(6): 1236-1247.

Walder A G,1995. China's transitional economy:Interpreting its significance[J]. The China Quarterly,144(144):963-979.

Wang F,Wei J,Huang S K,et al.,2016. Public reactions to the 2013 Chinese H7N9 influenza outbreak:Perceptions of risk,stakeholders,and protective actions[J]. Journal of Risk Research,(3):1-25.

Weber M,1978. Economy and society:An outline of interpretive sociology[M]. Berkeley:University of California Press.

Weber E U,Blais A R,Betz N E,2002. A domain-specific risk-attitude scale:Measuring risk perceptions and risk behaviors[J]. Journal of Behavioral Decision Making, 15(4):263-290.

Wei J,Zhu W,Marinova D,et al.,2016. Household adoption of smog protective behavior:a comparison between two Chinese cities[J]. Journal of Risk Research:1-22.

Wildavsky A,Dake K,1990. Theories of risk perception:who fears what and why?[J]. Daedalus,119(4):41-60.

Wittmer D,1991. Serving the people or serving for pay:Reward preferences among government,Hybrid Sector,and Business Managers[J]. Public Productivity and Management Review,14(4):369-383.

Wittmer D,1992. Ethical sensitivity and managerial decisionmaking:An experiment[J]. Journal of Public Administration Research and Theory:J-PART,2(4):443-462.

Wong C P W,1993. Fiscal reform and local industrialization:The problematic sequencing of reform in post-Mao China[J]. Modern China,19(1):102.

Wright B,2004. The role of work context in work motivation:A public application of goal and social cognition theories[J]. Journal of public administration research and theory,(14):59-78.

Zheng Y,2007. De facto federalism in China (reforms and dynamics of central-local relations)—Approaches to Central-Local Relations in China[M]. Singapore:World Scientific Pub Co Inc.

Zhu C,Wu C,2016. Public service motivation and organizational performance in Chinese provincial governments[J]. Chinese Management Studies,10(4):770-786.

艾尔·巴比,2009. 社会研究方法[M]. 11版. 北京:华夏出版社:146-147.

艾云,2011. 上下级政府间"考核检查"与"应对"过程的组织学分析:以A县"计划生育"年终考核为例[J]. 社会,31(3).

白鹭,2018. 征地拆迁重大工程项目中公众的风险感知及其应对行为研究:基于风险感知视角的实证调查[J]. 西安石油大学学报(社会科学版),27(5):60-70.

包刚升,2015. 政治学通识[M]. 北京:北京大学出版社.

曹峰,邵东珂,李贺楼,等,2014. 我国社会稳定风险治理的评估框架与方法:基于社会生态系统的"环境—行为"视角[J]. 经济社会体制比较,(4):184-200.

陈家喜,2018. 地方干部政绩激励的制度分析[J]. 政治学研究,140(3):74-82,130.

陈抗,Hillman A L,顾清扬,2002.财政集权与地方政府行为变化:从援助之手到攫取之手[J].经济学(季刊),(4):116-135.

陈那波,卢施羽,2013.场域转换中的默契互动:中国"城管"的自由裁量行为及其逻辑[J].管理世界,(10):68-86.

陈潭,刘兴云,2011.锦标赛体制、晋升博弈与地方剧场政治[J].公共管理学报,08(2):21-33.

陈振明,林亚清,2016.政府部门领导关系型行为影响下属变革型组织公民行为吗? 公共服务动机的中介作用和组织支持感的调节作用[J].公共管理学报,(1):11-20.

陈志武,1986.西方理性政治学述评[J].政治学研究,(5):21-25.

代涛涛,陈志霞,2019.行为公共管理研究中的实验方法:类型与应用[J].公共行政评论,(6):166-185.

董晓宇,1999.中国行政组织体制的理性化重塑:兼论新一轮政府机构改革的目标定位[J].北京行政学院学报,(2):22-25.

范柏乃,蓝志勇,2013.公共管理研究与定量分析方法[M].2版.北京:科学出版社:184-185.

方曼,2017.风险感知跨学科研究的理论进展与范式变迁:基于心理学视域的解读[J].国外理论动态,(6):121-131.

风笑天,2009.社会学研究方法[M].3版.北京:中国人民大学出版社:109-110.

傅勇,2008.中国的分权为何不同:一个考虑政治激励与财政激励的分析框架[J].世界经济,(11):18-27.

福山,2014.政治秩序的起源:从前人类时代到法国大革命[M].毛俊杰,译.桂林:广西师范大学出版社.

郭广珍,2010.地方干部行为与经济发展:一个基于政治晋升、财政分权与腐败的文献综述[J].制度经济学研究,(3):224-237.

韩兆柱,2007.责任政府与政府问责制[J].中国行政管理,(2):18-21.

韩志明,2018.政策执行的模糊性及其治理效应[J].湘潭大学学报(哲学社会科学版),42(4):30-35.

何晓群,闵素芹,2009.分层线性模型层-1自变量中心化问题研究综述[J].统计与信息论坛,24(9):48-52.

何艳玲,2007.都市街区中的国家与社会:乐街调查[M].北京:社会科学文献出版社.

何增科,2014.社会维稳体制改革:走向可持续的稳定[J].信访与社会矛盾问题研究,(3):33-40.

胡红晓,谢佳,韩冰,2007.缺失值处理方法比较研究[J].商场现代化,(15):352-353.

胡荣,1989.符号互动论的方法论意义[J].社会学研究,(1):98-104.

胡业飞,崔杨杨,2015.模糊政策的政策执行研究——以中国社会化养老政策为例[J].公共管理学报,(2):98-110,162.

黄冬娅,2011.国家如何塑造抗争政治——关于社会抗争中国家角色的研究评述[J].社会学研究,25(2):217-242,246.

贾建民,李华强,范春梅,等,2008.汶川地震重灾区与非重灾区民众风险感知对比分析[J].管理评论,(12):4-8,29.

金太军,张健荣,2016."为官不为"现象剖析及其规制[J].学习与探索,248(3):48-53.

景怀斌,2011.政府决策的制度—心理机制:一个理论框架[J].公共行政评论,4(3):32-66.

科斯,2003.新制度经济学[M]//梅纳尔.制度、契约与组织:从新制度经济学角度的透视.刘刚,等译.北京:经济科学出版社.

赖诗攀,2015.中国科层组织如何完成任务:一个研究述评[J].甘肃行政学院学报,(2):16-31,126.

李潇潇,2015.公共管理的自主性与开放性:张康之、周志忍、竺乾威、孔繁斌、何艳玲五人谈[J].中国社会科学评价,(3):13-26.

李小华,董军,2012.公务员公共服务动机对个体绩效的影响研究[J].公共行政评论,(1):112-128,188.

李晓鹏,方杰,张敏强,2011.社会科学研究中多层线性模型方法应用的文献分析[J].统计与决策,(23):72-76.

李晓倩,2018.行为公共管理学实验:基于SSCI期刊(1978—2016)相关文献的分析[J].公共行政评论,11(1):37-61,219-220.

李声宇,2016.目标模糊如何影响公共组织的研究述评[J].公共行政评论,(6):164-188.

梁建,樊景立,2012.理论构念的测量[M]//陈晓萍,徐淑英,樊景立.组织与管理研究的实证方法.2版.北京:北京大学出版社:325-328,338.

廖卉,庄瑗嘉,2012.多层次理论模型的建立及研究方法[M]//陈晓萍,徐淑英,樊景立.组织与管理研究的实证方法.2版.北京:北京大学出版社:453.

林杭锋,2011.论我国压力型维稳体制下的维稳困境与对策[J].法制与社会,(27):171-173.

刘剑雄,2008.中国的政治锦标赛竞争研究[J].公共管理学报,(3):29-34,126-127.

柳坤,2011.官僚制的价值:中国行政改革中的理性构建[C]//中国行政管理学会2011年年会暨"加强行政管理研究,推动政府体制改革"研讨会.

刘能,2008.当代中国群体性集体行动的几点理论思考:建立在经验案例之上的观察[J].开放时代,(3):112-125.

刘银喜,2008.财政联邦主义视角下的政府间关系[J].中国行政管理,(1):121-124.

罗伯特·K.殷,2004.案例研究:设计与方法[M].周海涛,李永贤,李虔,译.重庆:重庆大学出版社.

罗伯特·K.殷,2009.案例研究方法的应用(校订新译本)[M].周海涛,夏欢欢,译.重庆:重庆大学出版社.

吕方,2013.治理情境分析:风险约束下的地方政府行为——基于武陵市扶贫办"申诉"个案的研究[J].社会学研究,(2):102-128,248.

马骏,2012.中国公共行政学:回顾与展望[J].中国行政管理,(4):7-11.

梅赐琪,翟晓祯,2018."政绩出官"可持续吗?——挑战晋升锦标赛理论的一个新视角[J].公共行政评论,63(3):14-34,216.

蒙克,李朔严,2019.公共管理研究中的案例方法:一个误区和两种传承[J].中国行政管理,(9):89-94.

米歇尔·渥克,2017.灰犀牛:如何应对大概率危机[M].王丽云,译.北京:中信出版集团.

倪星,王锐,2017.从邀功到避责:基层政府官员行为变化研究[J].政治学研究,(2):44-53,128.

倪星,王锐,2018.权责分立与基层避责:一种理论解释[J].中国社会科学,269(5):117-136,207-208.

诺顿,2009.中国转型过程的政治经济学分析[M]//劳伦·勃兰特,托马斯·罗斯基.伟大的中国经济转型.方颖,赵扬,等译.上海:格致出版社,上海人民出版社:77-113.

诺斯,2003.对制度的理解[M]//梅纳尔.制度、契约与组织——从新制度经济学角度的透视.刘刚,等译.北京:经济科学出版社.

欧阳静,2009.运作于压力型科层制与乡土社会之间的乡镇政权:以桔镇为研究对象[J].社会,(5):11-36.

欧阳静,2011.压力型体制与乡镇的策略主义逻辑[J].经济社会体制比较,(3):122-128.

冉冉,2013."压力型体制"下的政治激励与地方环境治理[J].经济社会体制比较,(3):117-124.

任杰,金志成,杜嘉慧,2009.信息模糊性与时间充裕性在社会两难决策中的作用[J].心理研究,2(6):32-36.

荣敬本,崔之元,王拴正,等,1998.从压力型体制向民主合作体制的转变:县乡两级政治体制改革[M].北京:中央编译出版社.

容志,陈奇星,2011."稳定政治":中国维稳困境的政治学思考[J].政治学研究,(5):89-98.

斯科特,戴维斯,2011.组织理论:理性、自然与开放系统的视角[M].高俊山,译.北京:中国人民大学出版社.

宋琳,赖诗攀,2016.中国官僚体制与普通干部行为:三个治理工具[J].甘肃行政学院学报,(3):13-23.

宋涛,2005.行政问责概念及内涵辨析[J].深圳大学学报(人文社会科学版),(2):42-46.

宋涛,2008.中国干部问责发展实证研究[J].中国行政管理,(1):12-16.

唐皇凤,2012."中国式"维稳:困境与超越[J].武汉大学学报(哲学社会科学版),(5):19-27.

唐铁汉,2007.我国开展行政问责制的理论与实践[J].中国行政管理,(1):6-8.

唐啸,2015.正式激励与非正式激励:环境约束性指标政策执行机制研究[D].北京:清华大学.

陶鹏,2016.迟滞、分化及泛化：避责政治与风险规制体制形塑[J].云南社会科学,(6)：94-99.

陶然,陆曦,苏福兵,等,2009.地区竞争格局演变下的中国转轨：财政激励和发展模式反思[J].经济研究,(7)：21-33.

陶然,苏福兵,陆曦,等,2010.经济增长能够带来晋升吗？——对晋升锦标竞赛理论的逻辑挑战与省级实证重估[J].管理世界,(12)：23-36.

王超,王汝芬,张淑娴,2006.混合效应线性模型与单因素方差分析在重复测量数据中的应用比较[J].数理医药学杂志,19(4)：355-357.

王汉生,王一鸽,2009.目标管理责任制：农村基层政权的实践逻辑[J].社会学研究,(2)：65-96,248.

王贤彬,徐现祥,2009.转型期的政治激励、财政分权与地方干部经济行为[J].南开经济研究,(2)：58-79.

王芸,肖霞,郑频频,等,2009.保护动机理论在个体行为改变中的应用和发展[J].中国健康教育,25(11)：853-855.

王卓怡,常妍,孟宪强,2015.不敢干、不愿干还是不会干：部分干部不作为真实原因调查分析报告[J].人民论坛,(15)：16-19.

文宏,张书,2017.干部"为官不为"影响因素的实证分析——基于A省垂直系统的数据[J].中国行政管理,(10)：102-109.

温福星,2009.阶层线性模型的原理与应用[M].北京：中国轻工业出版社.

吴进进,2012.城市生活垃圾分类政策执行——基于"模糊—冲突"模型的研究[J].吉林广播电视大学学报,(5)：36-38.

乌尔里希·贝克,2004.风险社会[M].何博闻,译.北京：译林出版社.

薛澜,张强,钟开斌,2003.危机管理：转型期中国面临的挑战[J].中国软科学,(4)：6-12.

薛澜,钟开斌,2005.转型期中国风险管理面临的挑战和对策[J].科技中国,(10)：36-43.

薛文军,彭宗超,2014.西方危机决策理论研究与启示——基于技术、制度与认知的视角[J].国家行政学院学报,(6)：113-117.

肖光荣,2012.中国行政问责制存在的问题及对策研究[J].政治学研究,(3)：78-88.

肖芸,赵俊源,2019.任务模糊性视角下科层制变革的不同走向——基于前沿文献的评析[J].公共行政评论,12(2)：170-189,205.

严洁,2018.政治学研究中的抽样调查：难点、问题与方法创新[J].政治学研究,140(3)：19-30,127.

杨宏山,2017.激励制度、问责约束与地方治理转型[J].行政论坛,(5)：88-92.

杨雪冬,2012.压力型体制：一个概念的简明史[J].社会科学,(11)：4-12.

杨玉东,2010.如何运用虚拟情境问题设计专题调查问卷[J].上海教育科研,(1)：47-50.

杨志玲,杨梦梦,史世奎,2015.论我国当前"压力维稳"体制:问题与制度化转型[J].学术探索,(9):98-102.

叶先宝,李纡,2008.公共服务动机:内涵、检验途径与展望[J].公共管理学报,5(1):56-60.

应星,2001.大河移民上访的故事——从"讨个说法"到"摆平理顺"[M].北京:生活·读书·新知三联书店.

喻婧,饶俪琳,2014.年老化对风险决策和模糊决策的影响:来自生理性和病理性老化的证据[J].心理科学进展,22(4):668-676.

俞可平,2019.国家治理的中国特色和普遍趋势[J].公共管理评论,1(1):25-32.

于建嵘,2010.压力维稳的政治学分析——中国社会刚性稳定的运行机制[J].战略与管理,(4):7-12.

于建嵘,2012.当前压力维稳的困境与出路——再论中国社会的刚性稳定[J].探索与争鸣,(9):5-8.

郁建兴,高翔,2012.地方发展型政府的行为逻辑及制度基础[J].中国社会科学,(5):95-112.

袁倩,2015.抗争控制的中国式图景:关于中国政府"维稳"策略的一个初步分析框架[R].中国社会公共安全研究报告,(2):93-111.

张创新,赵蕾,2005.从"新制"到"良制":我国行政问责的制度化[J].中国人民大学学报,(1):118-123.

张海燕,葛怡,李凤英,等,2010.环境风险感知的心理测量范式研究述评[J].自然灾害学报,19(1):78-83.

张康之,2001.超越官僚制:行政改革的方向[J].求索,(3):32-36.

张紧跟,周勇振,2019.信访维稳属地管理中基层政府政策执行研究——以 A 市檀乡为例[J].中国行政管理,403(1):82-89.

张书维,2018.专栏导语:行为公共管理学:用"心"求"理"[J].公共行政评论,(1):1-6.

张书维,李纡,2018.行为公共管理学探新:内容、方法与趋势[J].公共行政评论,(1):7-36.

张书维,顾琼,杨黎婧,2019.对党忠诚与建言行为:公职人员的"忠谏"之路[J].公共行政评论,(6):38-62.

中共中央宣传部,2019.习近平新时代中国特色社会主义思想学习纲要[M].北京:学习出版社,人民出版社.

钟开斌,2007.认知—心理、官僚—组织与议程—政治——西方危机决策解释视角的构建与发展[J].世界经济与政治,(1):38-45.

钟开斌,2013.信息与应急决策:一个解释框架[J].中国行政管理,(8):108-113.

周飞舟,2006.分税制十年:制度及其影响[J].中国社会科学,(6):100-115,205.

周飞舟,2010.大兴土木:土地财政与地方政府行为[J].经济社会体制比较,(3):77-89.

周飞舟,2012.财政资金的专项化及其问题:兼论"项目治国"[J].社会,(1):8-44.

周黎安,2004.晋升博弈中政府官员的激励与合作——兼论我国地方保护主义和重复建设问题长期存在的原因[J].经济研究,(6):33-40.
周黎安,2007.中国地方干部的晋升锦标赛模式研究[J].经济研究,(7):37-51.
周黎安,2008.转型中的地方政府:干部激励与治理[M].上海:格致出版社.
周黎安,2014.行政发包制[J].社会,34(6):1-38.
周黎安,刘冲,厉行,等,2015."层层加码"与干部激励[J].世界经济文汇,(1):5-19.
周忻,徐伟,袁艺,等,2012.灾害风险感知研究方法与应用综述[J].灾害学,(2):116-120.
周雪光,2003.组织社会学十讲[M].北京:社会科学文献出版社.
周雪光,2005."逆向软预算约束":一个政府行为的组织分析[J].中国社会科学,(2):132-143.
周雪光,2008.基层政府间的"共谋现象"——一个政府行为的制度逻辑[J].社会学研究,(6):1-21.
周雪光,2012.运动型治理机制:中国国家治理的制度逻辑再思考[J].开放时代,(9):107-127.

附　录

附录 A　访谈提纲

您好！我是清华大学公共管理学院及中国社会风险评估研究中心的研究人员。为了探索街道、乡镇在"城市综合治理"专项行动中维稳工作的经验和困难，我想向您了解一下相关情况。我们承诺所有的访谈资料仅用于学术研究，且访谈内容将遵循学术伦理进行匿名化处理，请您不需要有任何顾虑或担忧。

在此先感谢您的支持！

一、关于"城市综合治理"专项行动

1. H街道地区迄今共疏解了多少家市场？
其中比较顺利的是哪些？为什么顺利？
其中比较困难的是哪些？主要因素是什么？
2. 全区其他街道、乡镇疏解任务比较重的还有哪些？
疏解比较顺利的有哪些街道、乡镇？比较困难的有哪些？
3. 疏解过程中，维稳方面都面临哪些压力和风险？（不限于H街道，包括您之前的工作经历）
面对这些风险，工作重点的优先排序是怎么确定的？
4. 除了疏解外，街道日常还面临哪些维稳风险？应对措施有哪些？
面对这些风险，工作重点的优先排序是怎么确定的？
5. 疏解中或者街道日常工作中，哪些问题是具有较高稳定风险，但又迟迟未能解决的？为什么未能解决？这种情况一般如何处理？上级或其他部门对此的态度是怎样的？
6. 可以调用的维稳手段和工具有哪些？（法律、行政、其他）
上级或其他部门给予了什么支持或配合？
7. 在疏解中，对领导干部来说维稳压力最大的是哪方面？您怎么处理

这种压力?

二、关于您的个人经历和感受

1. 您过往是否具有相关工作经历,具体经历是怎样的?

2. 您在其他级别岗位和级别的时候,对于维护社会稳定的看法有没有不同?

3. 您对于维稳工作接受过相关培训吗?或者主动学习或了解过相关的社会风险知识吗?这些培训或相关知识的学习对工作的开展有没有什么影响?

4. 可否举一个在维稳工作中上级提供资源支持的例子?

5. 在维稳工作中您是否感到成就感或满足感?是否曾得到奖励(各种形式的)?是否受到过相关问责(各种形式的,含领导口头批评)?

附录 B　访谈对象汇总表

访谈对象编码	职　　务	访谈形式	访谈时间
A-01	E市发改委副处长	深度访谈	2019年4月
A-02	E市发改委科长	深度访谈	2019年4月
A-03	E市委政法委副处长	深度访谈、电话访谈	2018年9月、2018年10月、2018年12月、2019年3月、2019年10月
B-01	F区委政法委书记	深度访谈	2018年11月
B-02	F区委政法维稳部门专员	深度访谈、电话访谈	2018年10月、2018年11月、2019年1月、2019年4月、2019年9月、2019年12月
B-03	F区委政法维稳部门专员	深度访谈	2018年10月、2018年11月、2019年1月
B-04	F区委政法维稳部门科员	深度访谈	2018年11月
C-01	H街道党工委书记	深度访谈	2018年11月、2018年12月
C-02	H街道党工委副书记	深度访谈、电话访谈	2018年10月、2018年11月、2018年12月、2019年4月
C-03	H街道武装部部长	深度访谈、电话访谈	2018年11月、2019年4月、2019年7月
C-04	H街道工会主席	深度访谈	2018年11月
C-05	H街道工会副主席	深度访谈、电话访谈	2018年11月、2018年12月、2019年4月、2019年11月
C-06	H街道团委书记	深度访谈	2018年11月、2019年4月
C-07	H街道妇联主席	深度访谈	2018年12月
C-08～C-12	H街道疏解工作组成员	深度访谈、焦点小组访谈、电话访谈	2018年11月、2018年12月、2019年1月、2019年4月、2019年11月

续表

访谈对象编码	职务	访谈形式	访谈时间
D-01	N乡副乡长（原H街道副主任）	深度访谈	2018年12月
D-02	N乡副书记（原H街道党工委副书记）	深度访谈	2018年12月
E-01~E-03	J商城商户代表	焦点小组访谈	2018年12月
F-01~F-06	J商城市场方代表	焦点小组访谈	2019年1月

附录C E市"城市综合治理"专项行动社会稳定风险调查问卷

尊敬的先生/女士：

　　您好！我们是清华大学公共管理学院及中国社会风险评估研究中心的研究人员，正在对E市"城市综合治理"专项行动的社会稳定风险进行调查研究，希望能了解您的看法。本次调查匿名进行，调查结果用于学术研究，并进行匿名化处理。您的回答非常重要，请您给出真实的意见和看法，非常感谢您的支持！

清华大学公共管理学院课题组
2019年4月3日

填答说明

- 答案无对错之分，请您凭真实感觉作答。
- 请在每一个问题后面选择适合自己情况的答案号码，或者在_____处填上适当的内容。
- 若无特殊说明，每一个问题只能选择一个答案。
- 填写过程中如果遇到任何问题，请询问调查员。

一、感知评价

下面各题目右边的数字表示回答该题目的几个选项,数字越小表明有关的程度越小、数量越少,反之则越大(多),请在符合您真实感觉的数字上画圈"○"。

1. 在"城市综合治理"专项行动中,您认为下列各行动产生社会稳定风险的**程度**:

题 项	很低	较低	一般	较高	很高
1.1 地下空间和群租房整治	1	2	3	4	5
1.2 占道经营、无证无照经营和"开墙打洞"整治	1	2	3	4	5
1.3 城乡接合部整治改造	1	2	3	4	5
1.4 中心城区老旧小区综合整治	1	2	3	4	5
1.5 中心城区重点区域整治提升	1	2	3	4	5
1.6 疏解一般制造业和"散乱污"企业治理	1	2	3	4	5
1.7 疏解区域性专业市场	1	2	3	4	5
1.8 疏解公共服务功能	1	2	3	4	5
1.9 治理违法建设	1	2	3	4	5
1.10 棚户区改造、直营公房及商改住清理整治	1	2	3	4	5
1.11 交通枢纽疏解及周边环境整治	1	2	3	4	5
1.12 背街小巷环境整治提升	1	2	3	4	5
1.13 建筑物屋顶牌匾标识整治	1	2	3	4	5
1.14 "城市综合治理"总体社会稳定风险水平	1	2	3	4	5

2-1 在"城市综合治理"专项行动中,您认为出现以下社会不稳定事件的**可能性**为:

题 项	很小	较小	一般	较大	很大
2.1 出现负面网络舆情	1	2	3	4	5
2.2 出现群体上访事件	1	2	3	4	5
2.3 出现越级上访事件	1	2	3	4	5
2.4 出现规模性聚集事件	1	2	3	4	5
2.5 出现群体性的暴力抗法事件	1	2	3	4	5

2-2 在"城市综合治理"专项行动中,您认为出现以下事件对于社会稳定的**威胁度**为:

题 项	很小	较小	一般	较大	很大
2.1 出现负面网络舆情	1	2	3	4	5
2.2 出现群体上访事件	1	2	3	4	5
2.3 出现越级上访事件	1	2	3	4	5
2.4 出现规模性聚集事件	1	2	3	4	5
2.5 出现群体性的暴力抗法事件	1	2	3	4	5

3. 对于"城市综合治理"专项行动可能形成的**社会后果**,您在多大程度上同意以下表述:

题 项	很不同意	较不同意	一般	较同意	很同意
3.1 人口迁出会产生政治不稳定风险	1	2	3	4	5
3.2 疏解专业市场会对E市经济发展造成负面影响	1	2	3	4	5
3.3 E市郊区及周边生活成本的提高会对群众的生活造成极大不便	1	2	3	4	5
3.4 "城市综合治理"会造成社会秩序的混乱	1	2	3	4	5

4. 对于"城市综合治理"专项行动中的维护社会稳定工作,您在多大程度上同意以下表述:

题 项	很不同意	较不同意	一般	较同意	很同意
4.1 维稳工作会占用我大量时间和精力	1	2	3	4	5
4.2 维稳工作需要财政予以大力支持	1	2	3	4	5
4.3 维稳工作需要我具备相关的专业知识	1	2	3	4	5
4.4 维稳工作需要各单位协调合作进行	1	2	3	4	5
4.5 我对维稳工作成果感到满意	1	2	3	4	5
4.6 维稳工作使我感到对社会作出了贡献	1	2	3	4	5
4.7 我认为"城市综合治理"的社会稳定风险点是可以全面查找识别的	1	2	3	4	5
4.8 我认为通过制定工作预案和应对措施可以控制"城市综合治理"的社会稳定风险	1	2	3	4	5

续表

题　　项	很不同意	较不同意	一般	较同意	很同意
4.9 如果出现不稳定事件,我会遭到上级的批评或处分	1	2	3	4	5
4.10 "城市综合治理"会造成社会秩序的混乱	1	2	3	4	5

二、情景模拟

现在,假设您是 E 市 A 街道办事处综合治理工作组的工作人员,负责辖区内大型专业性批发市场的疏解工作。自改革开放以来,A 街道是 E 市市场批发业态最集中的区域之一,辖区内的大型市场以服装、鞋业、轻纺等批发市场为主,日客流量上万人,流动人口密集。

请您根据以下每个情景的描述,在最符合自己真实感觉的答案序号上画圈"○",或者在_____处填上适当的内容。(单选)

【情景 1】 Q 市场于 2019 年年初依据政策先行关停,等待后续进行升级改造。2019 年 4 月,政策调整。市、区领导向街道下达指示,Q 市场不再进行升级改造,维持关停状态,等待未来详细规划,并清退已签约待经营商户。没有清退时间限制和商户清退率要求,但不能引发社会面不稳定问题。此时您会首选:

(1) 等待上级进一步的政策命令和任务安排

(2) 与上级沟通,争取重视和各方面支持

(3) 自主推进,边做边学,遇到问题再向上级请示解决

(4) 立即着手进行疏解工作,不遗余力完成任务要求

(5) 其他,请注明_____

【情景 2】 Q 市场于 2019 年年初依据政策先行关停,等待后续进行升级改造。2019 年 4 月,政策调整。市、区领导向街道下达指示,Q 市场不再进行升级改造,维持关停状态,等待未来详细规划,并清退已签约待经营商户。没有清退时间限制,但提供了商户承接地等政策支持,要求商户清退率须达到 100%,且不能引发社会面不稳定问题。此时您会首选:

(1) 等待上级进一步的政策命令和任务安排

(2) 与上级沟通,争取重视和各方面支持

(3) 自主推进,边做边学,遇到问题再向上级请示解决

(4) 立即着手进行疏解工作,不遗余力完成任务要求

(5) 其他,请注明_____

【情景3】 Q市场于2019年年初依据政策进行升级改造,清退了一部分商户。2019年4月,政策调整。市、区领导向街道下达指示,Q市场在两个月之内必须关停,商户清退率未作明确要求,不能引发社会面不稳定问题。此时您会首选:

(1) 等待上级进一步的政策命令和任务安排

(2) 与上级沟通,争取重视和各方面支持

(3) 自主推进,边做边学,遇到问题再向上级请示解决

(4) 立即着手进行疏解工作,不遗余力完成任务要求

(5) 其他,请注明_____

【情景4】 Q市场于2019年年初依据政策进行升级改造,清退了一部分商户。2019年4月,政策调整。市、区领导向街道下达指示,Q市场在两个月之内必须关停,并且提供了商户承接地等政策支持,要求商户清退率须达到100%,且不能引发社会面不稳定问题。此时您会首选:

(1) 等待上级进一步的政策命令和任务安排

(2) 与上级沟通,争取重视和各方面支持

(3) 自主推进,边做边学,遇到问题再向上级请示解决

(4) 立即着手进行疏解工作,不遗余力完成任务要求

(5) 其他,请注明_____

三、基本信息

请在每一个问题后面适合自己情况的答案序号上画圈"○",或者在_____处填上适当的内容。(**单选**)

1. 您的性别是:

   (1) 男　　　　　　(2) 女

2. 您的年龄是_____岁?

3. 您的民族是_____

4. 您的受教育程度是:

   (1) 初中及以下　　(2) 高中或中专　　(3) 大专

   (4) 本科　　　　　(5) 研究生及以上

5. 您的政治面貌是:

   (1) 中共党员(含预备党员)　　　　(2) 共青团员

（3）民主党派　　　　　　　　　　　（4）群众或其他
6. 您的职务级别是：
　　（1）科员及以下　　（2）副科　　　　（3）正科
　　（4）副处或正处　　（5）副厅及以上
7. 您的工作单位层级是：
　　（1）社区/村　　　　（2）街乡镇　　　（3）区直机关
　　（4）市直机关　　　（5）其他
8. 您的工作岗位是：
　　（1）领导岗位　　　（2）非领导岗位
9. 您有过多长时间的与维护社会稳定相关的工作经验：
　　（1）没有　　　　　（2）1年以下　　　（3）1~2年
　　（4）3~5年　　　　（5）6年及以上
10. 您参加过的与维稳工作相关的培训次数（任何形式）：
　　（1）没有　　　　　（2）1~2次
　　（3）3~5次　　　　（4）6次及以上
11. 您是否主动了解过与社会稳定风险相关的信息或知识：
　　（1）是　　　　　　（2）否

问卷到此结束，感谢您的支持，祝您身体健康，工作顺利！

本问卷回收方式为现场回收，感谢您的配合！
如果您还有其他意见或建议，请在此写下来：

后　　记

　　社会科学因其复杂性和不确定性而分外迷人，同时也使得探寻真相的过程充满曲折和坎坷。本书始于对现实问题的好奇，在一次次豁然开朗和一次次自我质疑中泥泞前行，最终的完成离不开所有师长和同侪的帮助。

　　感谢我敬爱的导师彭宗超教授。是您在我寻找研究问题时鼓励我深入挖掘，做真正有意义的研究；是您在我遇到困难时帮助我获得进入田野的机会，勉励我不畏艰难，探索纷繁世界的复杂性；是您在我思路混沌时帮助我厘清头绪，拨云见雾。感谢您对我的关怀督促和无私支持，初入清华园时我年龄尚小，对学术缺乏基本的概念，是您手把手带领我建立起做研究的感觉和方法，是您言传身教帮助我形成了做人做事的原则和方式。历历在目，感恩于心。

　　感谢清华大学公共管理学院、清华大学应急管理研究基地、清华大学中国社会风险评估研究中心的老师和同学们在本书写作过程中的帮助和指导。感谢夏诚华、孟庆国、王亚华、张强、钟玮、蒙克等老师在博士论文开题、中期检查、预答辩、答辩等各个阶段提出的意见和建议。感谢邓国胜老师与钟开斌老师细致中肯的评阅意见。感谢吴洪涛、于淼、祝哲、黄昊、彭睿、陈富荣等同侪好友不厌其烦地与我交流和探讨。在与各位老师和同侪的一次次讨论中，研究的脉络和细节得以逐渐清晰。

　　同时，本书的完成也离不开来自不同学科的师长们的支持。感谢清华大学心理学系李虹老师与邵爱萍同学在危机决策研究方面的启发，感谢清华大学经济管理学院董念念同学在数据分析方法方面的指导。感谢李阳老师和其他进入田野期间对我的研究予以大力支持的领导和同志们，是你们让我对中国基层治理的广阔图景有了最直接和感性的认识。每一名默默无闻基层干部的努力工作支撑起了中国现代治理体系的大厦。

　　感谢我的父亲程运河先生和母亲贾小茹女士无私支持我的每一个选择。在我身体病痛时、精神颓丧时，是你们的爱支撑我度过每一个严冬，让我始终坚信自己可以做到。

本书在研究和出版的过程中,得到了国家社会科学基金特别委托项目"京津冀协同发展过程中重大决策社会稳定风险评估的研究"、国家自然科学基金重大项目"重大国家安全事件管理机制"和"清华大学优秀博士学位论文丛书"项目的大力支持。感谢清华大学出版社编辑商成果老师细致认真的工作,感谢清华大学应急管理研究基地陈近红老师、徐永莉老师一直以来的帮助和关爱。感谢我的爱人张步昙博士在本书出版过程中的支持。

　　成稿之际,走出象牙塔已三年。风险社会深刻重构着全球治理体系,种种"灰犀牛"和"黑天鹅"方兴未艾,人类对于风险的探索道阻且长。作为研究者,也许我们倾尽全力也只能揭示社会规律的一个小小角落。

　　一位老师曾说过,高等教育不是快乐教育,高等教育的本质是让人痛苦,让人认识到自身认知和能力的局限,让人看到那么多恒常的逻辑无法解释。但我依然感激,在这样的痛苦里,有机会见到人类认知边界最伟大头脑的样子。

程佳旭

2023 年 12 月